观鸟笔记

祖克慰◎著

沈阳出版发行集团
沈阳出版社

图书在版编目（CIP）数据

观鸟笔记／祖克慰著. —沈阳：沈阳出版社，2017.5

ISBN 978-7-5441-8440-3

Ⅰ.①观… Ⅱ.①祖… Ⅲ.①散文集—中国—当代 Ⅳ.①I267

中国版本图书馆 CIP 数据核字（2017）第 112593 号

出版发行： 沈阳出版发行集团｜沈阳出版社
（地址：沈阳市沈河区南翰林路 10 号　邮编：110011）
网　　址： http://www.sycbs.com
印　　刷： 辽宁美程在线印刷有限公司
幅面尺寸： 147mm × 210mm
印　　张： 9
字　　数： 180 千字
出版时间： 2017 年 9 月第 1 版
印刷时间： 2017 年 9 月第 1 次印刷
责任编辑： 沈晓辉
插　　图： 胡春风
封面设计： 关　皓　朱席君
版式设计： 杨　旭
责任校对： 日　光
责任监印： 杨　旭

书　　号： ISBN 978-7-5441-8440-3
定　　价： 45.00 元

联系电话： 024-24112447　62564922
E-mail： sy24112447@163.com

序

灵魂，需要一双翅膀

韩华仁

每个成功的作家，都有自己已经找到的写作母体，这个母体不是文字，而是储存于灵魂深处的一方土地，也只有植根这片土地，才能纵横自己的才华。近六七年来，祖克慰不再于城市的语境里流浪，而是成了一位原野上的苦行僧。他在原野上走走停停，去与闲花野草对话，写出了一个花草系列，引起了人们关注。接着，他又把目光投向了四条腿动物，作品发表后各大选刊转载，成为中国为数不多的写动物的作家。

现在，祖克慰又把目光转向了天空，写出二十篇关于鸟的文章。

在漫长的人类生活中，鸟一直与人相伴。在以村庄为落脚点的农耕生活中，有些鸟也是村庄的住户。在人与鸟的长久接触中，鸟已成为农耕生活中不可或缺的灵性意象；鸟也作为一个传神的符号，融入了传统的文化之中。

然而，目前写动物的作家少之又少，写鸟的几乎没有，偶尔写鸟，也是以鸟言情，以鸟状美，而真正把鸟作为主题，写出“鸟生”与“鸟世百态”的，恐怕唯有电视节目，但却与文学无关。

之所以很多作家不愿写鸟，是因为，人只在二维的平面上活动，而鸟则是真正的三维动物，除了与人一样生活在大地上，鸟还拥有天空。而它们又体形较小，让人无法确切地观察到。再者，城市化让人成了“屋里人”，正在丧失与自然亲近的本能，完全忽视了鸟的存在。三是，可能总觉得鸟是一个很小的题材，写不出大东西。

在某种程度上说，鸟是自然美的化身，它的轻灵、神秘、飘忽、自如，都在表达着一种文化精神，没有鸟，可能并不影响人的生活，但没有鸟，却是人的悲哀。作为一位写动物的知名作家，祖克慰的写作是严肃的、谨慎的，甚至认真得过分，为了真切把握鸟的个性与精神，他像夜猫子一样潜藏灌木丛中，去观察一只鸟，他常常吓鸟一跳，鸟的惊叫又吓他一跳；一个人进入深山野林观察鸟，以至于让村民误以为他是小偷。正是这些“格物”上的用心，才有了鸟血肉丰满的飞翔。

但祖克慰并不满足写“小鸟”的小鸟依人。

他以家乡作为叙事原点，以家乡的经历为情感背景，鸟鸣声中是浓浓乡愁。他笔下的鸟，大多是他年轻时在老家见到过的，也是伏牛山地区常见的鸟类。由于飞翔拓宽了生存空间，虽然是浅山区，却鸟类众多。祖克慰在农村度过了贫穷而又孤单的童年少年，直到参军离开家乡。他与很多农村孩子一样，在满怀希望又找不到希望的失望中，在找不到文化温度的孤寂田野上，听鸟、看鸟、捉鸟、玩鸟，成了了却时间的方法，也是他生活的乐趣，但随着与鸟的遭遇、深入，鸟成了他的朋友，飞进了他情感的天空，鸟的自在、至情与神秘，又幻化为说不清的崇拜。后来他离开了乡村，但鸟与乡村已经成为一个不可分割的整体，鸟成了乡村的印记。

祖克慰总是能精准地描摹鸟的习性与姿态，虽然这与他用心观察有关，但更来自年轻时的积累。祖克慰笔下的鸟之所以感人，不在科普上的深度，而是鸟与大地，鸟与作者联系在一起的命运。在黄鹂鸟的鸣叫中，一个穿着黄色连衣裙叫蕾的姑娘出现在家乡的大地上，懵懂的爱情在灰火里燃烧，爱情又在不对等中无疾而终，大地仅留下黄鹂鸟的鸣叫，岁月叫碎了，唯留情感之流。与那个留下一道黄色影子的爱情一样，鸟依然婉转着，但林木在减少，环境在恶化，飞鸟在消失，村庄在破败，人是物非，鸟叫声中，家乡好似已经越过千年，又好似依然存在，恍惚中唯有化不开的乡愁了。沧海桑田，啾啾鸟鸣，写鸟是实，实是鸟的活灵活现；写鸟是虚，写的是大地的命运。

虽然散文是一种具有包容性的写作文体，但在同样深具包容性的时代，散文似乎已经包容不下时代的多样性了，为了拓宽散文的功能，从20世纪90年代，众多散文家打破文体界限，在写作方法与语言上进行探索与嫁接，最具影响也最为成功的恐怕就是“大散文”的写作。系统阅读祖克慰的散文就会发现，从早期的小散文、传统散文，到现在的大散文，可以看出他在探索道路上留下的清晰脚印。他的这部散文集，深得散文三昧，层次跌宕自如，语言上多短句口语，轻灵如蝉翼，一派田园诗味道，形成了清新自然、通俗清丽的语言风格。而最为成功的则是散文与小说的文体互动，无痕焊接。在散文的框架内，以小说情节说事言情，以情节延伸情节，以故事推动故事。而在没有故事的理性地带，则融说理于叙事之中，寓理于情，让散文轻松活泼，通俗有味。二者的无痕融入，无疑拓宽了散文的容量、格局，助长了散文的气势。

作者在重点开掘鸟的自然美、生命美的同时，把笔触伸向过去，极力在传统文化中寻找鸟的文化之美，作品中散发着厚重的书香。

从自然到田园，从鸟到人，把鸟与人的命运联系在一起，已经让作品有了感人的力量。更为可贵的是，作者虽然对自然之鸟有着比较专业的研究，但更注重对鸟的文化内涵的研究，从《诗经》、唐诗宋词等典籍中去寻找有关鸟的故事与诗文，从传统养鸟驯鸟、历代养鸟习俗、民间传说等鸟文化中选择闪光的传承，让鸟穿越时空，从古文化里飞向大地与今天，可谓百鸟与诗意齐气，乡愁共云天一色。可读，可品，书香味十足。

还应该说的是，用典与引用虽为写作的常用方法之一，但也往往出力不讨好，往往出现罗列照搬的死典死文，易犯“掉书袋”的毛病。但作者对古文化的运用，可谓掌控自如，信手拈来，总能与情节合拍，语境相通，文脉一致，情境呼应，每至引用已至不用不行，具有将作品推向高潮的作用，可见功力。亦为此书放光之处。

目录

序：灵魂，需要一双翅膀 / 韩华仁　I

绣眼：清丽淡雅入画来　1

燕子：江畔春泥带雨衔　13

黄雀：蓝天万里任遨游　24

伯劳：雀中雄鹰性凶猛　34

靛颏：空谷丽音绕清梦　44

云雀：边飞边鸣歌共舞　57

鹡鸰：行摇飞鸣兄弟情　68

麻雀：短翎瘦影亦横空　80

画眉：百啭千声随意移　92

黄鹂：自在娇莺恰恰啼　102

百灵：丽音雅韵迷人醉　114

目录

喜鹊：日暖风轻言语软 126
乌鸦：独醒空和骚人咏 136
大苇莺：唤得落霞飞满天 143
相思鸟：魂梦共渡同心桥 153
白头鹎：飞来飞去落谁家 163
灰喜鹊：不道枝头无可落 174
太平鸟：枝头飞羽正谐融 184
白颈鸦：啼血有泪伤秋瘦 194
金翅雀：身无彩凤双飞翼 204
鸟语 210
观鸟手记 238
后记 鸟是大地最美的精灵 271

绣眼：*清丽淡雅入画来*

一

很偶然的，看到一幅画。是宋徽宗赵佶的《梅花绣眼图》。一只鸟，一棵梅，几朵梅花。景物虽不多，倒也淡雅。只是觉得画面有点暗。我对画不懂，看了也没觉得有什么特别之处。

再看那只鸟，觉得有趣。尤其是眼睛上的白色眼圈，画得很清晰，很显眼。看了那只鸟，感觉很熟悉，有一种似曾相识之感。放大仔细看，才知道，画中的绣眼鸟，就是我们家乡的“白眼圈”。

绣眼，在我们家乡叫“白眼圈”。家乡人，对不知名字的鸟，就根据鸟的特点起个俗名。家乡的凤头百灵，我们叫“角角”；鹌鹑，我们叫“秃尾巴”；麻雀叫“小虫”。

画中的绣眼，是家乡的“白眼圈”，感到就多了一些亲切。再看画中的梅花，也鲜活了许多，洁白鲜艳；看梅枝，梅枝瘦劲，枝上疏

绣 眼

花秀蕊，色泽清雅，清丽脱俗；看绣眼，那鸟活的一般，蹲在梅枝上，左右顾盼，耳边就响起悦耳的鸣叫。清丽的梅花与栩栩如生的绣眼，相映成趣。

“白眼圈”，我熟悉的精灵。现在，我应该叫它绣眼，恢复原本属于它的名字。现在，我有必要介绍一下绣眼，我喜欢的鸟。

绣眼，俗名绣眼儿、粉眼儿、粉燕儿、白眼儿等。常见的绣眼是：灰腹绣眼鸟、暗绿绣眼鸟和红肋绣眼鸟。体形及颜色像柳莺。眼睛周围被白色绒状短羽环绕，形成鲜明的白色眼圈，所以得名绣眼。

绣眼，是我国四大名禽，爱者甚众。

在我的记忆里，绣眼娇小玲珑，羽毛光滑，动作灵活，姿态优美。它的鸣叫声音圆润、音韵多变、婉转动听。在伏牛山区，我见过的绣眼，一种是红肋绣眼，再就是暗绿绣眼。我的印象中，红肋绣眼的鸣叫比较单调，“唧——唧唧——唧喳——唧唧喳喳”，声音短促，雄性的稍微响亮，但总感觉少了一些韵味。暗绿绣眼鸣叫连贯，节奏感更强，余音缭绕。

当然，这只是我的感觉。很多年了，已经没有听到绣眼的叫声。我现在能感觉到的声音，是二十多年前留存在我记忆中的一种声音的复原。

这么多年，总是忙碌，为生存，奔波在单位与家之间。闲暇之余，也曾无数次走进家乡的山坡，走进伏牛山的深处，追寻豹子、狼、狐狸、黄羊的踪迹。但每次进山，总是带有一定的目的性，因而忽略了这些小精灵，如绣眼。当我再次想起它们时，绣眼，于我而言，是那么的陌生。

是的，它们真的很陌生。那些在山坡上觅食昆虫，在树枝上啄食山果，在花朵上吸食花蜜的美丽小鸟，与我渐行渐远，远得除了那清晰的白眼圈外，我对它们的印象日渐模糊。

很多时候，人都处在一种遗忘状态，那些熟悉的事物，一旦离开视觉范围，就会离开大脑，储藏在岁月的记忆里。有的就这样随着时间的消逝，在记忆里死去；有的被偶尔触碰，在记忆里醒来。

一幅图画，触碰到我记忆的神经，记忆里，那只被我遗忘的鸟，在瞬间苏醒。绣眼或者白眼圈，就这样，在历经二十多年后，再次走进我的记忆，走进我的内心，或者明天，走进我的视野。

记忆，总是美好的。它会唤醒你对一些事物回忆，让遗忘的场景再现，让枯萎的心焕发生机，让停下的脚步重新迈出。

二

我突然想回家看看，家乡的山坡上还有没有绣眼。

晚上躺在老家的床上，翻来覆去，无法入睡，我在想一只叫绣眼的鸟。它们在我的记忆里，反复地出现，可我记不清在哪里看见过它。

是在我家乡的山坡上，一片林子里？是在地处伏牛山深处的崔庄乡的某一座山林里？还是在县城的青峰山？似乎是，似乎又不是。也许，我在家乡的山坡上看到过，在崔庄乡的某一座山林里看到过，也在县城对面的青峰山看到过。我无法否认，我真的看到过它们。这些我常去的地方，都有它们的身影。

我在无眠中，等来黎明。

窗外传来一阵鸟鸣，声音很熟悉，是麻雀。我突然想起，这种叫绣眼的鸟，就是在我老家的山坡上看到的，我初次看到它们时，是和麻雀、百灵混在一起。那时候看到一只色彩艳丽的鸟，感到很惊奇，记忆也深。

其实，绣眼在我们的家乡很容易看到，只是我们长时间忽略了它们的存在。伏牛山深处有，我老家有，崔庄乡的山林里有，县城对面的青峰山也有。我在老家时，看到的绣眼，大多是红肋绣眼。在伏牛山深处的大山里，还能看到暗绿绣眼。

第一次看到它们，是在老家西沟的山坡上，那时候西沟还没人烟，西边是一片松林，东边是一片柿子林，横竖成排，一棵接着一棵，把西沟的山坡覆盖。深秋时节，柿子树上挂满了红色的果实，成群的鸟，在柿子树上蹦来跳去，吸食柿子的果浆。

柿子成熟时，我们一群孩子常到西沟摘柿子。那天去摘柿子，看到一群鸟在吸食树上的柿子。看到鸟与我们争食，很生气，就弯腰捡起一块石子，准备轰鸟。突然就看到一群色彩鲜艳的黄绿色小鸟，混在鸟群里。这是一种我们没有看到过的鸟，很稀奇。后来在山坡上也看到过这种好看的小鸟，问大人才知道，这鸟，叫"白眼圈"。

年少时，对啥都好奇，看到美丽的小鸟，总想抓一只养，但这种鸟很胆小，离人很远，稍一靠近，就惊恐而飞。那时就想，有鸟就有鸟窝，抓不到大鸟，就抓一只小鸟养养。我们在山坡上瞎逛，希望找到它们的窝。但在山坡上、树林里转来转去，怎么也找不到它们的窝。

记得问过父亲："山坡上那么多'白眼圈'，咋找不到鸟窝？"父亲说："它们的窝，在五朵山的山林里，它们到咱这里玩玩就回去了，你当然找不到。"五朵山是伏牛山的主脉，离我们家二十几里远。父亲这样说，可能是想阻止我们抓鸟。

因为找不到鸟窝，就断了养绣眼的念想。其实，我们也在山坡上看到筑在树上的鸟窝，只是树太高，枝干又细，我们爬不上去。现在想来，挂在树上的鸟窝，可能就是绣眼的窝。

吃过早饭，我走向山坡。山坡已不是我少年时代的山坡，原来山坡上长满了树，现在的山坡光秃秃的。山坡上的梯田，有的种着花生，有的荒废着，长满了草。一片荒地上，长着紫花地丁，开着细碎的紫花，在微风中摇摆；翻白草一棵挨着一棵，开着黄色的小花，这种草我最熟悉，小时候拉痢疾，挖几棵翻白草，用根熬茶，一喝就好；还有一棵棵的棉花条，也开紫花，一嘟噜一嘟噜地开满枝条，那紫，让人陶醉；走下山坡，是一片豌豆，还是紫色的花，风一吹，紫蝴蝶在绿叶间翩翩飞。

这都是我熟悉的植物，有的叫得上名字，有的叫不上名字。但它们还长在这里，用花一般的笑脸迎接我。可那些我熟悉的松树、槐树、柿树、酸枣、栗毛，它们已不见踪影。空落落的山坡，让我的心徒添寂寞。

有几只山雀，落在一片草地里，在草丛中啄食着什么，可能是一只虫子，也可能是去年遗落的草籽，或者是一只蚂蚁。我不知道山雀吃不吃蚂蚁。可是，这个春天，不吃点蚂蚁，山雀还能吃什么？

南洼的那座堰潭，里面长满了水草，堰潭里有鱼、河虾、青蛙、泥鳅、黄鳝，堤坝上长满了油桐、柳树，很多鸟落在树上，时不时飞到堰潭，在水中捞出一条小鱼，或者是一只河虾。每年春天，这里的鸟叽叽喳喳，吵闹不休。

走到南洼，看到堰潭已经被泥沙淤平，只有潭底，还有一汪水。走近看，水很清，没有一棵水草，没鱼也没虾，更没青蛙黄鳝，水清无鱼，这话不假。堰潭的四周原来都是树，现在一棵也没有，都是梯田，梯田里都是花生。堰潭里的泥沙，就是从花生地里冲下来，淤积到堰潭里。堰潭的堤坝上，还有几棵树，一棵树上有一个喜鹊的巢，一只喜鹊蹲在巢里，看到人来，伸一下翅膀，飞走了。

绣眼，最终还是没有看到，这也在意料之中。只是，常见的百灵、鹌鹑、斑鸠、山雀，都没几只，让我心生落寞。此刻，空旷的原野上，只有我一个人，很孤独地站在山坡上。

三

又想起宋徽宗赵佶。作为皇帝，生活奢侈，任用奸臣，仅此，赵佶肯定不是个好皇帝。是的，赵佶不是好皇帝，但绝对是个好的艺术家。他自创的书法被称为“瘦金体”。他的花鸟画自成“院体”。是少有的艺术天才。

赵佶的《梅花绣眼图》，让我感到惊奇，久居深宫的赵佶，能把一只绣眼画得如此传神，没有对绣眼生活习性有着深刻的理解是不可能的。宫廷里可能会养绣眼，但圈养在笼中的鸟，不可能有大自然里的鸟那么灵动。

梅花自不用说，是宫廷的梅花，作为皇帝的赵佶，对宫梅是熟悉的。宫梅经过不断剪枝，人工修饰痕迹较重。此种梅的画法精细纤巧，敷色厚重，弥漫着一种富贵气息。风格趣味，无不代表着皇家的审美意味。

但清丽脱俗、活灵活现的绣眼，绝不是宫中笼养的鸟可比的。看了这幅画，我就觉得，赵佶在画这幅画前，是多次看到过生活在大自然里的绣眼的。开封是平原，紧邻黄河，如果去山中，也只有万岁山。万岁山是皇家园林，山不高，但树很多，有树就有鸟。赵佶看到的绣眼，大概就是万岁山中的。

对江山疏于管理的赵佶，对艺术是认真的。我想，在作这幅画时，赵佶走进了皇家园林，走着走着，就看到了一只鸟，蹲在一株梅花的枝条上。于是，就有了这幅传世之作。

也或者，赵佶看到笼中的绣眼，突然心血来潮，想画绣眼。于是，赵佶就去了万岁山，想看一眼生活在大自然里的绣眼。于是，赵佶就真的看到了一只绣眼，蹲在一株梅花的枝条上。赵佶觉得，这只鸣唱的绣眼是那么的可爱，可爱得让他心动。于是，赵佶就画了这幅《梅花绣眼图》。

再或者，一日闲来无事，皇帝赵佶带着皇后郑氏，在万岁山皇家园林散步，两人走到一株梅花树前，看到了画中的绣眼，回去后，徽宗皇帝就在皇后的协助下，完成了这幅《梅花绣眼图》。说到这里，不能不说郑皇后，郑皇后儒雅秀丽，多才多艺，对徽宗的书画辞章有着独到的见解，徽宗对郑皇后十分的宠爱。我想，赵佶画这幅画时，郑皇后一定在场，而且赵佶也一定征求过郑皇后的意见和建议。

其实，这幅画是怎么画的，我也不知道。上面的几个场景，只是我的猜测和想象。知道的人，早已随着徽宗赵佶故去，消失在漫漫黄尘中。

但这幅画还在，画中的绣眼还活着，活在一张纸上。一千多年过去了，你看到它时，它依然对着你，不停地鸣叫。

四

我看到了绣眼，它们的鸣叫，还是沉在我记忆里的声音，还是《梅花绣眼图》中那只绣眼的鸣叫声，一波又一波，一阵接一阵，此起彼伏。

2016年5月，我登上了五朵山，五朵山是伏牛山中著名的道教圣地。南召五朵山与“南顶”湖北武当山齐名，素有“北顶”之称。山中奇峰相峙，飞瀑高挂，怪石林立，泉流潺潺，春天杜鹃烂漫，夏日绿意盎然，秋季层林尽染，冬季银装素裹，山水如诗如画，被誉为“音画山水，伏牛仙境”。

五朵山生态保护完好，山中生长着红豆杉、银杏、秦岭冷杉、水曲柳、化香、水曲柳、马尾松、水杉、侧柏等数百种树木，郁郁葱葱的树，把一座山遮蔽。因为生态完好，这里生活着百灵、画眉、黄鹂、绣眼、斑鸠、鹌鹑、山麻雀等一二百种鸟，走进五朵山，就走进了鸟的家园。

我去五朵山时，正值春夏之交，山中树木茂密，遮天蔽日。树下，是开满花朵的灌木和花草，不时有鸟从头顶飞过，留下一串清脆的鸣叫声。

去五朵山，似乎没有目的，就是去山上转转，放松一下心情；似乎有着明确的目的，去寻找一只叫绣眼的鸟。与文友去五朵山时，我没有说去干什么，就是去玩。玩，大家都不反对，每个人的内心，都承受着沉重的工作生活压力。也许，只有走出去，走到大自然，才是缓解压力的最好办法。

从五垛山主峰下来，我们直接去了五朵村，那是一片玉兰林，站在山顶上，白色的花朵，格外的耀眼，吸引着我们。此时，花正开，洁白的玉兰花，散发着阵阵芳香。走在玉兰树林，就走进了花的家、香的源。走进玉兰树林，其实也走进了鸟的世界，“唧溜溜、嘀呖呖、啾啾啾”，清脆的鸟鸣，不时撞击着耳膜。“鸟语花香”这个词，用在这里恰如其分。

山里的鸟真多，“咯咯咯咯”叫的是锦鸡，“唧唧啾啾”叫的是画眉，“嘀呖呖”叫的是百灵，“咕——咕咕”叫的是斑鸠，还有成群的麻雀“叽叽喳喳”。每看到一种鸟，大家就会发出一阵惊叫，震得树叶簌簌地舞，花瓣翩翩地飞，林子里飘着青蝴蝶、白蝴蝶。

大家兴趣正浓时，一群鸟掠过树梢，哗啦啦落在林子里，有的落在树枝上，有的落在灌木上，有的落在石头上，还有的落在草地上。这鸟，十分好看，羽色鲜艳，嘴尖细，身腰长，羽毛光滑紧凑。大家屏着呼吸，大气都不敢出，生怕惊动了鸟们。仔细看，这不正是我要寻找的绣眼吗？是的，是绣眼，红肋绣眼。

这群绣眼，有数十只，甚至上百只，这么大群的绣眼，让我惊奇。在我的记忆里，从没有见到过如此多的绣眼鸟。记得在山坡上看到最多的绣眼鸟，也就二三十只。那时候的二三十只绣眼鸟，看得我们眼珠子都要蹦出来。难怪大家看到绣眼鸟时，惊得大气不敢出。

正在大家瞪着眼看时，突然响起一声梆子腔：“要吃还是家常饭，要穿还是粗布衣，知冷知热结发妻……”可能是绣眼受到了惊吓，鸣叫着便飞走了。抬起头看，是两个砍柴的老乡，担着挑子，唱着曲儿走了下来。

我走过去，打声招呼，递支烟，老乡放下柴火挑子，点着烟，抽了一口说："来玩啊?"我问："咱山里的绣眼鸟多吗?"老乡说："绣眼，啥绣眼?"我说："就是刚才飞走的那群鸟。"老乡笑了："那鸟啊，多着呢，有时候三五只，有时候十来只，有时候上百只，还有时候一天不见一只。不过，上百只的鸟群不多见。"

原来，看鸟也需要机缘，不是你想看就能看到的。我老家的山坡上，不是没有绣眼，是我没有看到而已。

这样想时，就又想起徽宗赵佶。赵佶与绣眼，就有机缘，那天赵佶去了万岁山，机缘巧遇，看到了绣眼，于是，赵佶就画了一幅《梅花绣眼图》。巧的是，这幅图保存完好，流传了下来；更巧的是，我在写绣眼之前，看到了这幅画。于是，就有了这篇文字。

据说，绣眼喜欢在灯下唱歌，鸣叫声有高、中、低三种音调，听起来有的带水音，有的似虫鸣，还有的是夏蝉的音调。可惜，我没有听到。也许是机缘未到吧!

燕子：*江畔春泥带雨衔*

一

春天。风轻柔天渐暖，树发芽花绽放。燕子就在这个季节，驾南风，飘然快拂花梢，翠尾分开红影。而此时，梨花落后清明。

北归的燕子，开始筑巢。燕子的巢，筑在农家的屋檐下、厅堂内。燕子筑巢很挑剔，不是每一户农家都可以让燕子安家落户。它们在村庄的上空盘旋，在农家的院子里、厅堂里，飞来飞去，选择理想的农家。有的农家，燕子飞进来就走了，再也没有回来。有的巢筑了一半放弃了，飞进了另外一户农家。干净、宽敞、善良的农家，是燕子的首选。燕子将天时、地利、人和运用得淋漓尽致。不能不说燕子是一种聪明的鸟。

在乡村，每年的春天，农家的大门是敞开的。那道门，是留给燕子的。农人在燕子筑巢的季节，把家中打扫得干干净净，像迎接客人

燕　子

那样，迎接老巢旧燕归来，或待新燕筑巢。农人从来不会拒绝燕子的到来。

似乎有这样一种说法，燕子落户的农家，都是人勤劳、善良，房屋干净、整洁、宽敞，绿树掩映，环境优美。在乡村，燕子不去谁家筑巢，说明这家人窝囊、邋遢、暴躁。早些年，燕子不去筑巢的农家，是很没面子的事。

乡村人在意燕子筑巢，还有一个重要的原因，农人把燕子来家中筑巢看作是吉祥之兆。他们认为，一年之中，能不能平安无事，五谷丰登，与燕子来不来家筑巢有着很大的关联。因此，春天里，把“谁家春燕啄春泥”看得很重。

记忆中，每年春天，燕子来时，母亲总是告诉我们，出门不要关门，屋子要收拾干净，更不能轰撵燕子。我小时候顽皮，上山捉鸟，下河捉鱼，调皮捣蛋，啥事都干。燕子筑巢时节，母亲出门总是告诫我：“不要招惹燕子，伤害燕子，要得红眼病的。”

燕子，羽毛黑白相间，脖颈略带粉红色，羽翼黑色，腹部白色。它们没有华丽的衣裳，但黑白分明。白的部分，容不得半点杂质，也容不得半点粉饰；黑的部分，光亮耀眼。燕子爱在农舍屋檐下、房屋内营造巢穴，人们因此称燕子为“家燕”。

远古时，燕子也叫作玄鸟，有“北方色玄”之称。在北方人的观念里，燕子的故乡在北方。燕子归来，预示着春天来临。燕子的故乡在哪里，在我看来这并不重要，哪里适应燕子生存，那里就是燕子的故乡。由此，燕子的故乡，在北方；燕子的故乡，也在南方。

我一直觉得奇怪，很多鸟都在树上、灌木丛、草丛筑巢，燕子却在农家筑巢；还奇怪的是，成群的鸟在农田里、草地上觅食，却很少看到燕子觅食的身影；更奇怪的是，燕子的巢筑在农家的厅堂，却看不到燕子的粪便，不讨人嫌。我现在才明白，能与人类和谐相处，是燕子的生存之道。这种生存方式，是其他鸟所做不到的，是一种智慧。因此，一直以来，燕子受到人们的保护。

我在乡下时，喜欢看燕子的飞翔，看它们穿行纷飞的优美姿态；看它们忽高忽低，流畅、舒展、轻盈的斜影；看它们比翼齐飞，形影不离，相亲相爱的情形，心中顿生羡慕之情。

燕子，在我少年时代，已把它们美好的形象植入内心，无法忘怀。

二

在我的观念里，我一直认为，燕子是一位执着的建筑家，是一位勤奋的雕塑艺术家。

我把燕子称为建筑家和雕塑家，是从燕子筑巢的过程感悟到的。说实话，你如果看到燕子筑巢，你就会觉得，把燕子看作是建筑家和雕塑家一点不为过。

燕子的巢，是用泥土、草茎和唾液凝结而成，里面铺垫的是杂草和鸟类的羽毛。也有纯粹用泥土筑就的，巢为皿型，或者是椭圆形，也有的形状就像燕子，各种各样的燕巢令人眼花缭乱，美不胜收。

在乡下生活时，老家的瓦房是燕子的家。印象中，一连几年，燕子的巢就筑在我家的正屋里。瓦房的正屋有一根檩条，燕子就把巢筑在檩条与椽子上。燕子居高临下，我们就坐在燕子的巢穴下吃饭。人与燕子，同居一室，和谐相处。

顺便说说，瓦房的构建是有檩条、梁、柱子、椽子等部件组成。

早年间，农村的瓦房有三间、四间、五间，三间瓦房有两道梁、三根柱子、九根檩条，四十四根椽子构成承接屋面瓦做的木质基础层。每间房有三根檩条，叫三道檩，也有五道的，多是有钱人家用的。一般的人家，用的都是三道檩。我家的瓦房也是三道檩，燕子筑巢的那根檩，叫脊檩。一般来说，筑在农家房屋里的巢，不管是草房和瓦房，都筑在脊檩与椽子的连接处。

让我特别感动的是燕子筑巢时的那种执着。燕子筑一个巢，大概需要一个月时间。在这一个月里，燕子成双入对，进进出出，衔来泥土、羽毛和杂草。每天都要进出数十次、上百次。很多时候，燕子衔来的泥土和杂草，稍不小心就会掉到地上，但燕子甚至没有看一眼遗落的泥土和杂草，转身飞出去，继续工作。

屋里的鸟巢，从开始的一点泥土开始，变成了拳头大的鸟巢形状，随着时间的流逝，燕窝一天天增大。终于有一天，当我们抬起头看时，一个完整的燕子的巢便出现在我们面前。那个燕窝，巴掌大，像一个扁圆的陶罐，陶罐的上面，是一个圆口，只能容下燕子娇小的身躯进出。再看燕窝，自下而上，一层一层叠起，每一层中间，有一道痕迹，凸凹有致，层次分明，无与伦比。看了燕子的巢，你不能不说，燕子是卓越的建筑家和艺术家。这样完美的建筑，不仅是其他鸟类望尘莫及，就连我们人类，也不能不叹服。

燕子的巢筑好后，用干草和羽毛铺在窝内，把燕窝收拾得舒舒服服，然后开始产卵。一般一窝产五枚左右，也有六七枚的，大概半个月时间，小燕子就出壳了。小燕子长成成鸟，需要二十多天时间。出窝后，还要跟着父母几天，就可以独立生活了。

我们家的燕子出窝后，就跟着父母亲，从巢穴里飞出，飞到院子里的榆树上，小小的树枝，被燕子压得晃晃悠悠。也可能是刚与外面接触，或者是翅膀还没有长硬，总是站不稳，翅膀不停地呼扇。一旦身体平衡不好，就会从树枝上滑下来。小燕子滑下来时，母燕就跟着小燕子飞，直到小燕子再次蹲到树枝上。那种母子亲情，着实感人。

七八天过后，就看不到小燕子的身影了。它们已经长大，离开父母，独自生活。于是，老燕子就开始了第二次孕育。

在我的记忆里，一对燕子，每年孕育两窝子女。从每年的三四月开始，到六七月结束，一对老燕子的使命才算完成。在将近五个月的时间里，燕子就这样，把美好的时光，奉献给了自己的子女。

燕子无私的爱，让我感动。这样的爱，应该算得上世间大爱了吧！

三

在众多的鸟类中，燕子是最恩爱的夫妻，也是和谐家庭的典范，我甚至认为，人类应该像燕子学习。

有人说燕子夫妇是“两个劳动模范，一对恩爱夫妻”，这话很贴切。事实也确实如此。春暖花开的日子，燕子成双成对，进出农家，择址筑巢。它们匆匆忙忙，往往来来，衔泥叼草，营巢垒窝。《诗经》云：“思为双飞燕，衔泥巢君屋。”鸟巢造好后，然后孕育抚养子女，付出了难以想象的艰辛。

“入则成双，出则成对”，说的也是燕子。古人视此为爱情的象征。欧阳修有词“笙歌散尽游人去，始觉春空。垂下帘栊，双燕归来细雨中”。燕子恩恩爱爱，不弃不离，风雨与共的形象跃然纸上。

燕子夫妻恩爱，并不仅仅是出入成双，而是表现在行动上。在孵化幼燕时，雌燕每天静卧在巢穴里，不能外出劳作。这期间，雄燕不辞辛劳，为雌燕寻觅食物。雄燕把食物叼回巢穴，嘴对着嘴，把食物喂到雌燕的口中。

我在老家时，还看到过这样的场景，雄燕叼回一只肥胖的虫子，在喂雌燕时，雌燕却拒绝进食，雄燕啄着虫子的一头，雌燕啄着虫子的另一头，相互推让。最后，雄燕和雌燕把虫子分为两段，同时吞下虫子，然后高兴地鸣叫。那情景，让我动容。

每次看到燕子恩爱缠绵，我就想，如果我们人类能像燕子那样相互关爱，相互呵护，相互珍惜，虽历经风雨坎坷，历久弥新，依然如初，该是多么的美好。可现实是，我们在面对坎坷和磨难时，不能风雨同济，共渡难关；在物欲横流的社会里，经受不住外界的诱惑；在灾难面前，缺乏担当，最终劳燕分飞。

幼燕孵出来后，老燕子就开始负责幼燕的伙食。一窝燕子，一般有四五只，每天要吃很多食物，于是老燕子夫妻就外出觅食，从清晨开始，到黄昏结束，不停地在家和田野里往返。幼燕十分可爱，父母觅食时，它们就趴在燕窝边，伸着头，张着黄黄的小嘴，等待父母的归来。当父母叼着食物回来时，小燕子排着队，张着嘴，等待父母喂食。

我曾经观察过燕子喂食的情景，燕子父母喂食，不偏不向，轮流喂养。每次一只小燕子只吃一只虫子，下次再喂另外的燕子。但每次父母回来，不管吃过没吃过、轮到没轮到，它们都张着小嘴，希望父母能把食物喂给自己。但燕子父母很公平，上次喂过的小燕子，是不会重复喂食的。已经吃过食物的燕子，就有点失望，“唧唧”两声，把头缩回去。尽管如此，我从未看到过小燕子争抢食物。每次喂过之后，小燕子还像原来那样，趴在鸟窝边，等待着父母的归来。

燕子的和谐，还表现在与人共处上，这让我们不得不感叹燕子的聪明和智慧。每年春天，燕子在农家筑巢，生儿育女，几个月时间，从不把粪便拉在农家，就是在屋檐下筑巢的燕子，也看不到粪便的痕迹。有人说，燕子把粪便拉在野外，从不在农家拉屎拉尿。而幼燕的粪便，都被父母叼到外面处理掉。因此，农人从不讨厌燕子在屋内筑巢。

也正是燕子具备这样的智慧，人们对燕子关爱有加。每天清晨，家中有燕子的农家，农妇就早早起来，打开房门放飞燕子，让燕子外出觅食。有时燕子也会“唧唧啾啾”地鸣叫，吵得人心烦。但大人总是说：“燕子呢喃，像唱歌一样，好听着呢！”

不过，仔细听听燕子的鸣叫，还真的很好听呢！如果有时间，你不妨去听听燕子的呢喃。也许，那天籁一般的声音，会让你更加喜欢燕子。

四

燕子秋去春来，往往返返，但依然不忘旧巢。这在鸟类中，是不多见的。就是留鸟，用过的旧巢，当它们再次孕育后代时，也弃之不用，重新营造新巢。其他候鸟，也没有用旧巢的习惯。因此，我一直认为，燕子是有故乡情结的鸟。

是的，燕子是有着浓浓的故乡情结的。南迁的燕子，却始终惦念着北方的家。来年春天，当再次回到北方时，它们念念不忘的，依然是自己原来的家。凭着记忆，飞越千山万水，回到故乡，孕育后代。

我在老家时，看到过这样的现象，春天来临，看到燕子进进出出，还以为是去年的燕子回巢生儿育女。可过了两天，发现在老巢边上，又出现一个新巢。原来，新来的燕子不是去年的那对燕子。又过些时日，原来的燕子又回来了，于是家中就出现两个燕子的巢。

两对燕子，各忙各的，互不干扰。同居一室的燕子，和谐相处。一家筑巢，一家产卵，从没看到两对燕子打架的现象。放着现成的巢，燕子不用，这让我感到奇怪。其实，想想就明白了，那鸟巢，不是自己筑的，就不能用。新来的燕子知道，老巢的主人是要回来的。这跟人类有点相似，不是自己的东西不能用。一种鸟，能做到不贪不占，是很有个性的。

燕子的故乡情结，很早就出现在古代诗人的诗中。北宋著名文学家晏殊的“无可奈何花落去，似曾相识燕归来”，意思是：眼前花落满地，令人无可奈何。忽见燕子翩飞，似曾相识，原是去年旧燕，今又归来。虽说是伤春感时之作，但却明白地告诉我们，去年的燕子又回家了。

在我的记忆中，每年春天燕子北归时节，母亲总是看着房顶上的燕窝，自言自语地说：“燕子咋还不回来呢？”一旦燕子回到家中，母亲就欣喜地说：“看看，老燕子又回来了。”如果燕窝空着，母亲就会说：“去年的燕子是不是出啥事了？”母亲说的“出啥事”，意思是燕子没有回家，会不会死了。

母亲知道，没有特殊情况，燕子是不会不回来的。因为，在母亲看来，燕子的故乡在这里，燕子的家在这里。是家，就总要回来的。

鸟类与人类，有着很多相通之处。比如鹦鹉学舌，比如乌鸦反哺，都与人类有着某种相似。对于出生地，我们总是怀着深深的思念。这样的情结，将伴随着我们一生一世。燕子也一样，它们也忘不了养育它们的那片土地，把对故土的思念铭记在心。

是的，当我们漂泊在外，不管身在天涯海角，不管走多远，最终还是要回归故乡。其实，于故乡而言，我们只是故乡放飞的风筝，而故乡就是系在风筝上的线，当我们的思念触动那根线时，风筝就会把我们拉回到我们起飞的地方。

人是，鸟也是。

黄雀：蓝天万里任遨游

一

黄雀是名鸟，《诗经》里有，《晋书》里也有，历代的文人骚客多有吟咏。所以黄雀它不想出名也不行，黄雀就这样成了名鸟。其实，黄雀并不怎么美，看上去色彩缤纷，有鲜黄、灰黄、灰色、褐色、暗绿、白色等多种色彩，虽说有点鲜艳，但毛色杂乱；虽说身上有斑纹，但没有线条感。

我一直在想，黄雀出名，可能在于鸣叫。是的，这鸟，叫声确实不同凡响。用乡村人的话说，那叫好听。乡村人说黄雀叫得好听，文人听了，觉得乡村人说得不错，黄雀叫得确实好听。于是，文人用生花妙笔，把黄雀写进了《诗经》，写进了《晋书》，写进了唐诗宋词。

现在，我也坐在电脑边，轻轻敲击键盘，写黄雀的美，写黄雀动听的歌声。其实，我对黄雀，既没觉得它怎么美，也没觉得它怎么

黄 雀

丑，之所以坐在这里写它，是受了历代文人的影响，或者是中了他们的“余毒”。

如果单纯说黄雀没有美感，那是偏见，这鸟其实还是很耐看的。尤其是雄鸟，相比雌鸟比较鲜艳，可与黄鹂媲美。我说黄雀少美感，并不代表喜爱黄雀的笼鸟爱好者的审美价值。在北方，喜欢黄雀大有人在。尤其是北京等城市，只要养鸟，家中多有黄雀。很多人认为，黄雀羽色鲜艳，姿态优美，鸣声委婉动听。因此深受养鸟爱好者喜爱。

看到众多的养鸟人喜欢黄雀，我还真巴不得它们长得丑点，鸣声嘶哑点。如果黄雀像麻雀，还有谁会把它们圈在笼子里，每天百般挑逗戏弄；还有谁费尽心机，把它们从原野捉回来，在鸟市上出售，用它们的姿色换取黑心钱。

在乡村时，每次看到有人养黄雀，我就会说，这鸟，其实不怎么好看。养鸟的人看着我说："这鸟不好看，你说啥鸟好看？"我说："凤凰好看。"养鸟人就说："你给我弄只凤凰去，我请你吃肉。"那时候穷，能吃上肉只有过年。我心想，我要是能弄来凤凰，你家早就成群了。吃肉？骗傻子吧。

我那时候就觉得黄雀不怎么好看。在我眼里，黄鹂鸟好看，蓝靛颏好看，相思鸟好看，太平鸟好看。这些美鸟，怎么看怎么美，怎么看怎么顺眼。有一次我去温玉奇家，看到他摆弄一对黄雀，就凑过去说："这鸟，不咋好看，为啥要养它呢？"温玉奇看我一眼，很不耐烦地说："去去去，哪儿远去哪儿，别耽误我喂鸟。"

温玉奇平时对我还不错，就因为我说他养的黄雀不好看，立马就翻脸。我心想，这人，咋这样子，小孩儿脾气。后来我去温玉奇家，就不敢说他的鸟不好看。他养很多八哥，黑不溜秋的，很难看，我也不敢说八哥丑。

我认为黄雀不怎么美，可能是看到鲜艳亮丽的鸟太多的缘故，也可能是黄雀经常在眼前绕来绕去，看得烦了，就忽略了它们的美吧！

确实，在伏牛山，黄雀是司空见惯的鸟，只要看到黄雀，就是一群，十来只几十只。春秋季节，还能看到成百上千只，蔚为壮观。

走在原野，你随时可能看到它们，有时在稀疏的林子里，有时在灌木丛中，也有在河边的沙滩上，小群小群地活动。如果受到惊动，一只鸟先飞，其他的鸟跟着飞，一个不剩。它们飞行的速度很快，一条线向前飞，遇见树林再落下，玩的玩，闹的闹，叫的叫，觅食的觅食，看上去很悠闲。

它们真的很悠闲吗？未必。我在家乡时，总能看到张网捕捉黄雀的人。有些时候，一网能捉到十几只。那些捉鸟的人，笑得脸上开满了菊花。

其实黄雀，它们活得提心吊胆。

二

在乡村，人们对黄雀的印象，就一个字：精。乡村人说的"精"，指的是聪明，有过人之处。

说黄雀精，一点不假。这鸟，容易驯化，只要耐心调教，让它叫它就叫，让它怎么叫就怎么叫。鸣叫，是鸟的天性，是家族基因遗传，对于鸟来说，不是难事。但是，让鸟算卦，还真要有点本事，不是一般的鸟能做到的。你让麻雀算个卦，麻雀肯定不行；你让乌鸦算个卦，乌鸦也不行，它们没那个天分。但黄雀就可以做到，所以说黄雀“精”，当之无愧。

据说，黄雀还有几手绝技，一个是“叫远”。黄雀“叫远”，就是养鸟人坐在鸟笼边，吹一声口哨，黄雀从笼子里飞出来，落到养鸟人手里，然后养鸟人再把黄雀放回笼子，再吹口哨，黄雀再飞到养鸟人手中，如此反复。另外是接物、叼钱、开机关、撞钟等，黄雀也很在行，一学就会。

当然，黄雀的这身绝技，都是养鸟人给驯化的。比如吃飞食，就是把一只饥饿的黄雀放在一根小木棍上，然后用食物引诱。引诱黄雀的食物，是苏子，就是紫苏的种子。紫苏这种植物，全国各地都有，是一种中草药。它的种子，黄雀特别喜欢。驯鸟时，先用苏子引诱，开始距离稍近些，再慢慢拉开距离，等黄雀敢落到手上吃食后，再晃动手，不让它落到手上，飞着直接把食吃掉。黄雀吃完后，一定让它飞回到小木棍上。另外可以备一个小葫芦，在葫芦的腰上用红线拴个铃铛，每吃一颗苏子便摇一下葫芦，让黄雀对葫芦的形状、绳子的颜色、铃铛的声音产生条件反射。时间长了，黄雀就驯化成熟，让它干啥就干啥。即便是把它们放飞，摇摇铃铛，它们就回来了。

说白了，养鸟人就是抓住了黄雀喜爱苏子的心理，不给鸟喂食，让它饿着，饿极了，再用食物引诱，一步一步调教，直到满意为止。

最让人称奇的是黄雀算卦。黄雀叼卦，有几百年的历史，学名叫

“鸟占”，意思是鸟得上天灵气，通晓百事。叼卦时，把黄雀从笼子里放出来，让黄雀从数百个卦签中，叼出一个卦签。叼出的卦签，与算卦人的姓氏、属姓、年龄、生日、婚姻等状况，十分一致，准确率百分之百。

我年轻时在家算过卦，我算鸟叼卦，纯粹是因为好玩，或者说是好奇。开始算卦时，算卦人拿出写有年月日等数字的纸片，找出自己出生日期的卡片，交给驯鸟人，驯鸟人放出鸟，与鸟耳语几句，把纸片放回众多的纸片里，放在黄雀面前，黄雀很快就叼出一个纸片，与算卦人的个人情况一模一样。

当然，黄雀算卦，也是调教的。据说，调教黄雀算卦，是先把刚抓回来的黄雀用线扎上翅膀，关进罩上笼罩的鸟笼，饿上一天半天，等黄雀饿极了，用苏子诱食。到了晚上，打开笼罩，让黄雀活动活动，舒展舒展筋骨。一段时间后，把鸟带到人多的地方，手拿苏子逗引它。黄雀因为饥饿，看到主人手上粘着苏子，走出笼子吃食。因为有苏子的诱惑，黄雀走出笼子也不会飞走。然后，再把苏子粘在卦签上，让黄雀叼签，叼一次奖励一颗苏子。时间长了，黄雀弄懂并记住主人的手势和口语，叼签算卦时，就显得得心应手，从不失误。

有人说用黄雀算卦，是骗子骗钱的。我倒不以为然，黄雀算卦，流传了几百年，当时也就是一种谋生手段。过去天津、北京等城市，用鸟算卦的比比皆是。早些年，算一卦，也就一两毛钱，现在算一卦，也不过三五块钱。算卦人也知道，黄雀算卦不可信，是算着玩的。但花几块钱，找个乐趣，又何乐而不为呢?

三

乡下人，一般是不吃鸟的。就是吃，也是有选择地吃。比如，乡下人吃鸟，多是吃一些大一点的鸟，像野鸡、斑鸠、鹌鹑等。不过，那时候穷，吃不起肉，一些贪吃的人，就想办法弄些野味吃。现在日子富足了，也就没人再吃鸟了。

但抓鸟的人，一直存在。现在抓鸟，不单纯为了吃，多是为了获得经济利益。当然，抓的鸟都是一些名鸟。比如百灵、绣眼、靛颏、鹡鸰、黄鹂、鹦鹉等。我一向认为不怎么好看的黄雀，也在抓捕之列。

在乡下，走在山坡上，你很可能会碰到骑着摩托车，带着粘鸟网的人，这些人，就是捕鸟的。他们捕鸟，不论大小，不论美丑，只要撞到网上，全部装进笼子里，能养的卖到鸟市，没人养的卖到饭店，还有的鸟既不是鸣禽，也不能吃，就卖给专门倒卖鸟的鸟贩子，鸟贩子再把这些鸟卖给那些所谓的“爱心人士”，然后运到山野里放生。

在伏牛山区，最常见的捕鸟方法是粘鸟，即用尼龙丝线织成粘网，在鸟比较多的灌木林、果园里张网捕鸟。捕鸟时，网两头用较粗的尼龙绳固定在树上，鸟在林间或果园里飞行时，就会误撞到粘网上。粘网用的尼龙丝线很细，而且网很松弛，撞到粘网上的鸟，就被丝线挂住羽毛和趾爪，任凭鸟怎么挣扎，也无法挣脱。

宋著名文学家戴复古曾写过一首《观捕黄雀》："披锦争啄晚禾秋，决起森然网扼喉。一饱等闲输性命，知机万不及沙鸥。"意思是说，一群黄雀争着啄食晚秋的谷物，结果全部自投罗网。仅仅因为一次饱腹，就轻易地输掉宝贵的生命，看来，它们的预见真的远远不如沙鸥。可见，用网捕鸟有着很久远的历史。

戴复古说的是黄雀贪吃，丢掉了性命，它们的智商低，没有沙鸥有智慧，而对贪婪的捕鸟人，没有一句谴责。由此可见，在过去的很多年间，人们对生态并不关注，没有意识到生态平衡的重要性。

三国时期曹魏文学家曹植写有《野田黄雀行》一诗，其中有这样的诗句："不见篱间雀，见鹞自投罗？罗家得雀喜，少年见雀悲。拔剑削罗网，黄雀得飞飞。飞飞摩苍天，来下谢少年。"曹植的这首诗，写的是少年保护黄雀，黄雀感恩。这几句诗的意思是，可怜的黄雀站在篱笆上，为躲避凶狠的鹞，撞进了网里。张网捕鸟的人，见黄雀撞进网里，十分高兴。看到挣扎的黄雀，少年不由心生怜惜，拔出利剑挑破鸟网，黄雀展翅飞上苍茫的蓝天。获救后的黄雀，突然又飞向少年，向他表示谢意。

从文字上理解，曹植的诗在思想上，要高出戴复古很多。同时，一只知道感恩的鸟，绝对不是一只傻得连沙鸥都不如的鸟。这与戴复古说的黄雀愚笨，形成了鲜明的对比。

用粘鸟网捕鸟，省心省事，粘鸟人把粘网固定好，就坐在树荫下抽烟闲聊。鸟撞到粘网上后，粘鸟人就把鸟收到铁笼里。用粘网捕鸟，容易伤鸟。有的鸟一旦头钻进网眼里，就会因为挣扎被活活勒死。也有的鸟虽没有被丝线勒死，但鸟挣扎时，丝线勒进肉里，造成伤残，最终也会导致死亡。

捕鸟人不这么想，他们捕鸟，就是为了多卖钱，哪管鸟伤不伤，死不死，只要能多捕鸟，死几只鸟对他们来说无关紧要。因此，捕鸟人对鸟类生态有着极大的破坏性。

记得早些年捕鸟，用的多是扣网，捕鸟人选一草少的地方支起扣网，网里放“诱鸟”笼子、水盆、谷粒等食饵，鸟群被“媒鸟”诱来，进网啄饵，猎人从隐蔽处拉动网绳，绳动网扣，进入网中的鸟就被扣网罩着。用扣网捕鸟的多是养鸟人，他们不用其他的办法捕鸟，主要是怕伤着鸟。再者，他们捕鸟主要是自己养，因为没有利益驱动，一般抓几只，挑选些自己满意的鸟后就不再捕了。

现在，家乡伏牛山已很少能看到黄雀了。我有点弄不明白，如今对鸟类保护，已写进动物保护法，人们对鸟的保护意识不断觉醒，为什么黄雀却越来越少？也许是环境的因素，也许是气候的原因，再也许是人类大肆捕捉的结果。不管是什么原因，黄雀远离我们的视线，是不争的事实。

对于黄雀，蓝天万里任遨游，只是一种愿望而已。

昔日成群结队的黄雀，已成昨日风景。

伯劳：雀中雄鹰性凶猛

一

伏牛山上有伯劳，很多种。大山是它们的家园，山峰是它们的村庄，树林是它们的家。

整个伏牛山，有几多山峰，我不知道。可能有九十九座山峰，也可能有九百九十九座山峰。但我知道，每座山峰上，都住着伯劳。

它们从什么时候来到伏牛山，我不知道。可能是在远古的洪荒年代，也可能是在唐宋元明清时代，或者是在我出生的时候。我记事时，它们就在我的家乡，蹲在树梢上，用叫声证明着它们的存在。

伯劳，是雀形目鸟。背部或尾部棕褐色或者棕红色的鸟，有虎纹伯劳、棕背伯劳、红尾伯劳；背部灰色或栗色的鸟，有灰伯劳、牛头伯劳、灰背伯劳、长尾伯劳。它们不结群，喜欢单独行动，经常站在树梢上，私下偷窥，发现目标，急飞直下，猎杀目标。然后飞到树

伯　劳

上，享受美食。伯劳，性贪食，擅长偷袭。

这鸟，绝非善类。它们的喙向里面弯曲，有点像鹰嘴。它们的鸣声粗粝响亮，叫时仰首翘尾。看它们的长相你就知道，伯劳是凶猛的鸟。看人看面相，看鸟也一样。

伯劳是候鸟，每年它们迁徙南方，或者南方以南的某些地方。走累了，就停下来，在这里歇歇。有时候它们停下来住半月一个月，有时候住三五个月。它们是鸟类的盲流，喜欢了，多住几天，不喜欢，就少住几天，对于它们，家乡伏牛山就是客栈。

也有一些伯劳鸟，它们就留在了我们的家乡。留在我们家乡的伯劳，我们称作留鸟；飞向南方的伯劳，我们称作候鸟。是哪一种伯劳留在了我们家乡，我没观察过。但我知道，它们确实留下来了，留在我的家乡伏牛山。

这与环境有关。

伏牛山山高林密，漫山遍野，到处是树林、灌木、花草；到处是小溪、泉潭、瀑布。有山有水有花木，还有数不清的虫子，数不清蝴蝶，数不清的小鸟，都是它们喜欢的食物，留下来享受风景和美味，当然求之不得。

人择福地而居，鸟择良木而栖。其实，人与鸟，虽不是一个种族，但也有相似之处，都喜欢选择适宜自己生存的环境。伏牛山是伯劳最佳的生存之地，每年，除了冬季，在山野里，你都能看到伯劳的身影。

于是，伯劳选择了伏牛山。伏牛山也就成了伯劳的家园。

二

伯劳，名字有点古怪。但这名字，是有来由的。

最早的伯劳鸟，叫鵙，也叫鴂。《诗经》中的《诗·豳风·七月》一诗有“七月鸣鵙，八月载绩”，意思是七月伯劳声声叫，八月开始把麻织。诗中多农事，按农事活动的顺序，逐月展开各个画面。

“七月鸣鵙，八月载绩”呈现的画面是：伯劳鸟在树上鸣叫，女人们坐在织机前，织出五颜六色的丝绸。

应该说，在西周之前，伯劳叫鵙或者鴂，《诗经》里就是这样说的。

伯劳鸟由“鵙”和“鴂”演变而来，这可能与一个民间传说有关。

西周宣王时，殿下有一贤臣，叫尹吉甫。尹吉甫的妻子死后，又娶一继室，但此妇不贤，经常在尹吉甫面前说继子伯奇的坏话，挑拨离间，最终导致父子不和，反目成仇，尹吉甫误杀爱子伯奇。

伯奇有个弟弟伯封，对哥哥冤死十分痛心，作了一首很悲伤的诗，哀悼哥哥。尹吉甫听后，对杀死自己儿子伯奇十分后悔，哀痛不已。

尹吉甫心情郁闷，来到郊外散步。在郊外的桑树林里，看到一只从未见过的鸟，在树梢上对他“啾啾”鸣叫，叫声悲凉哀婉。尹吉甫想到儿子临死前悲伤的呼唤，就觉得眼前的鸟是伯奇的魂魄所化。于是，尹吉甫对鸟说：“伯奇劳乎，如果你是我儿子伯奇，就停在我的马车上。”

鸟听到尹吉甫的话，就飞过来，停到了尹吉甫的马车上，随着尹吉甫回到了家。到家后，鸟又飞到尹家大院的井上，对着尹家的正屋，凄厉哀鸣。尹吉甫十分难过，认为伯奇的死，是继室进谗言所害，心中就有了杀妻的念头，他假装要射鸟，拿起弓箭将继室射杀，以此安慰伯奇。

民间传说，只是传说而已。但自此以后，鶪或鴂就变成了伯劳。据说，此鸟名因尹吉甫的“伯奇劳乎”一语而得。至于是与否，还有待考究。

还有一个成语，也提到了伯劳。这个成语大家很熟悉，叫“劳燕分飞”。

“劳燕分飞”一词，出自南朝梁武帝萧衍的《东飞伯劳歌》一诗，是由民歌改作而成，后被宋人郭茂倩收入《乐府诗集》。原诗中有“东飞伯劳西飞燕，黄姑织女时相见”。后来演绎成了“劳燕分飞”一词。

劳燕，代表两种鸟。“劳”就是伯劳，“燕”是燕子。两只不同种类的鸟，在短暂的相遇后，伯劳匆匆东去，燕子急急西飞。瞬息的相遇，无法改变它们的生活轨迹，只能在孤独寂寞中怅然离去。

所谓“劳燕分飞”，就是伯劳和燕子分别朝不同的方向飞去。多比喻夫妻、情侣别离。也用于恋人分道扬镳，譬如王实甫的《西厢记》中就有这样的句子：“他曲未通，我意已通，分明伯劳飞燕各西东。”

引经据典说这么多，其实就是证明，伯劳不是普通的鸟，是有背景的，是名鸟。

人类有了背景，好办事，省了很多繁文缛节。鸟有背景，就会受到关注。人与鸟，都一样，都需要家族背景的支撑。

三

伯劳鸟性情凶猛，有“雀中猛禽”之称。我少年时代在乡下老家，喜欢养鸟，父亲就告诉我，不能养伯劳鸟，这鸟性情凶猛，脾气暴躁，鹰钩嘴，脚带钩，容易伤人。其实，父亲是怕伯劳鸟伤到我的眼睛。

后来见到伯劳猎食，才知道，这鸟，生性好斗，十分凶残。在少年时代，不自然的，内心对伯劳产生了一种畏惧。

第一次见识伯劳的勇猛，是在山坡上，伯劳猎杀一只山雀。那天我在山上割牛草，累了就坐在山坡上乘凉，我前面不远的草丛中，有几只山雀在草地上“叽叽喳喳”觅食。几只鸟正专注觅食时，突然从树上飞下来一只灰色的鸟，箭一般地向地面弹去。然后看到一只伯劳鸟叼着一只山雀，落在树梢上。

只是一瞬间的工夫，那只刚才还活蹦乱跳的山雀，没来得及叫一声，就成了伯劳口中的美味。我看得目瞪口呆，很长时间没回过气。想起父亲的话，还真有点后怕。

再后来看到过伯劳抓田鼠，也是如此迅猛。有一次我和少年玩伴小坡在山坡的松树下玩，那里有一片刚收获的花生地，地里有遗落的花生果，一只田鼠从地底下钻出来，贼溜溜地在寻找花生果。远处的松树上蹲着一只伯劳，正注视着田鼠。田鼠正专注地寻找食物时，树上的伯劳鸟看准时机，从松树上弹下来，田鼠看到危险，刚要转身逃跑，伯劳对准田鼠狠狠一啄，迅即弹起，飞到树梢上了，顿时树上传来田鼠“吱吱”的叫声。

最让我惊奇的是伯劳鸟斗蛇，可谓惊险。1981年，那时我在乡下老家，种罢庄稼锄过草，就开始了漫长寂寞的乡村生活。无所事事时，我喜欢到山上转，看山看树看鸟看落日，以此排解心中的孤独。

那年的夏天，花生地里长满了小草，我在花生地里锄草，天有点热，汗水顺着脸颊往下流，咸咸的汗水，蜇得我睁不开眼。我扔下锄头，躲在松树下凉快。

有微风吹来，凉爽爽的，感觉格外舒心。就在我闭着眼，享受着风的抚摸时，听到“哗啦”的响声，睁开眼，我看到前面的栗毛丛中有一只伯劳鸟，呼扇着翅膀，在栗毛丛上面盘旋。仔细看，伯劳鸟下面的栗毛丛中，一条蛇昂着头，左右摇晃，躲避着鸟的攻击。原来，伯劳鸟遇见了蛇，正你来我往地打斗。

一般来说，鸟是不会招惹蛇的，鸟见蛇躲都躲不及，怎会虎口送食，惹祸上身呢？我猜想，栗毛丛中很可能蹲着一只小鸟，或者是一只蚂蚱，再或者是一条毛虫，伯劳鸟原本是要捕食小鸟或者蚂蚱或者毛虫的，但它没有想到，一条蛇就躲在栗毛丛中。于是，它们相遇了；于是，蛇要吞吃伯劳鸟。伯劳鸟当然不想成为蛇的美食，鸟与蛇就打了起来。

伯劳鸟很凶，不停地袭击蛇，趁蛇不注意时，上去就啄。蛇当然不甘示弱，摇头晃脑，躲避着鸟的攻击，然后弹起来咬鸟。三三两两的羽毛，在空中翻飞。每次蛇咬伯劳鸟后，都会激怒伯劳，它接二连三地啄蛇。

蛇有点斗不过伯劳鸟，转身就跑，伯劳鸟却紧追不舍，不停地在蛇的身上狠狠地啄。过了一阵，伯劳鸟飞到松树上，但眼睛却盯着蛇，有点不舍的样子。

我想看看蛇鸟争斗的结果，刚站起身，惊动了伯劳鸟，它呼扇呼扇翅膀飞走了。我走过去，看到那条蛇躺在地上，一动不动，那是一条一米来长的乌梢蛇，却被一只鸟活活地啄死了。原来，伯劳鸟盯着蛇，是舍不得到嘴的美味。但伯劳鸟没有能力拖动一条蛇，只能无奈地放弃。伯劳鸟捕获的食物，一般不在地上吃，它们把猎物杀死后便把尸体插在棘刺或者树枝上来慢慢享受美味。吃不掉的食物，就挂在上面存储。在山中，如果你看到棘刺或干树枝上挂着小动物的尸体，那便是伯劳鸟存储的食物。

看着躺在地上的蛇，我有点吃惊，我只见到过蛇吞吃小鸟，还没见过小鸟能杀死一条蛇。真是鸟与鸟不同，有的鸟绵善，有的鸟凶猛，有的鸟狡诈，还有的鸟阴险。伯劳是“雀中猛禽”，杀死一条蛇，其实也不足为奇。

四

少年时代，对什么事物都充满好奇，尤其喜欢看鸟嬉戏、打斗。最喜欢看的是老鹰（苍鹰）叼小鸡、抓兔子，看伯劳抓小鸟。很惊险很刺激，看得我们流连山坡，不知归家。

那时的家乡，到处是树林，一望无际的松树林，茂密的柞树林，还有灌木丛。山坡，被一片绿色覆盖。树多，鸟就多，几十种、上百种鸟就生活在我们的家乡。北方有的鸟，我们家乡基本上都有，有的鸟能叫上名字，还有很多鸟叫不上名字。我熟悉和不熟悉的鸟们，无忧无虑地生活在伏牛山这片土地上。

没事的时候，喜欢到山坡上闲转，看看庄稼，看看树，看看鸟，以此打发无聊的时光。那时候山坡上鸟很多，各种各样的鸟在山野里飞来飞去。走在山坡上，你就走进了鸟的世界。

在山坡上，每次看到伯劳鸟，就有一种想抓一只的冲动。为抓伯劳鸟，我和村子里的小坡想尽办法，但一直未能抓到。这种鸟不结群，也很少到地面上活动，它们总是蹲到树梢上，很机警，一有风吹草动，迅速飞离，根本无法近身。

后来小坡建议用弹弓打。我们做了两只弹力强的弹弓，专门用于打伯劳鸟。但用弹弓打鸟，容易把鸟打死，于是我们商议，只打翅膀，将鸟打伤后活捉。

小坡的手头准，每次打鸟，小坡先打，但每次都没打中。有一次我们两个同时瞄准伯劳鸟，虽然打中了，但我们找来找去，也没找到那只被我们打中的伯劳鸟。

以至于今天，我还没看到伯劳的真容，它们留给我的是红褐色的背、棕色的背、灰色的背和黑色的长尾巴，我远远地看着那个模糊的身影。

在写鸟系列散文之前，我曾经到伏牛山住过一段日子，大山、浅山、丘陵我都去过，大山里的鸟很多，一些浅山，因为林子遭到破坏，只有一些常见的鸟还生活在那里，其他很多鸟已无踪影。像靛颏、白鹡鸰、长尾灰伯劳、黄腹树莺等，难得一见。

在我家乡的山坡上，我长时间地寻找我熟悉的鸟，但是，令我失望的是很多鸟已从家乡消失。其实，当我走近家乡的那一刻，看着长满荒草的梯田，看着光秃秃的山坡，我就知道，我将带着希望来，伴着失望归。

那一刻，我的心空落落的。

靛颏：空谷丽音绕清梦

一

听惯了鸟鸣，感觉雀鸟的鸣叫都差不多，无非就是“唧唧，吱吱，啾啾，嘀嘀，呖呖”这几种声音。有的单调，有的连贯，不仔细分辨，真的很难分清。

去年春天，回老家看望母亲。清晨，还在蒙眬的睡意中，窗外，一阵“唧唧呖呖”的鸟鸣声将我唤醒。叫声紧凑，一阵接着一阵。声高像百灵婉转萦绕，却又不是百灵；音膛像画眉慷慨激昂，却又不是画眉。能叫出绵绵不绝、流水般声音的鸟，在我的印象中，是不多见的。

我走近窗前，院子外的一棵枣树上，蹲着两只红靛颏。我有点惊奇，靛颏，已离开家乡二十多年。二十多年来，寥寥几次的偶遇，也只在伏牛山的大山里。能在老家看到靛颏，这出乎我的意料。不要说在家中，就是山坡上，也很难看到它们的身影。那一刻，我突然觉

靛 颏

得，我与靛颏，缘分已来。

窗外的靛颏，身体修长，光滑的羽毛泛着橄榄一样的色彩，细长的白眉和脖子下那点鲜艳的红，格外隽秀，是一种素雅之美。看到那点红，我就想起“万绿丛中一点红”。这样的意境，你不能不说，是大自然的杰作。

靛颏分两种，我在家乡看到的是红靛颏，蓝靛颏至今没有看到，我们家乡也有蓝靛颏，但我无缘相见。蓝靛颏又称蓝脖儿、蓝翎子。

红蓝靛颏的区别就在于脖子下的羽毛，一点红的是红靛颏，一点蓝的就是蓝靛颏。叫声也不相同，有“红叫天，蓝叫地”之说，意思是红靛颏能模仿天上鸟类的叫声，蓝靛颏善于模仿地上虫子的鸣叫。

关于靛颏，还有一个很美的神话故事。开天辟地时，所有的雀鸟，都是灰绿色，模样相仿。鸟神觉得不好看，也分不清家族种类，就把鸟们召集在一起，按照它们的要求，给它们画上五彩羽衣。于是，有的鸟色彩艳丽，有的鸟花里胡哨，有的鸟色彩灰暗。靛颏来得有点晚，看到其他鸟都披上五色羽衣，而自己没有，心里很不舒服。鸟神也觉得过意不去，看看还剩下一点红颜料和蓝颜料，就用笔在一只靛颏的喉部点上红颜色，在另一只靛颏的喉部点上蓝颜色。从此，靛颏就有了红、蓝两种。

在伏牛山区，我的家乡，靛颏是一种稀有的鸟。在我的记忆里，看到靛颏也是很有限的几次。这种鸟，很少成群结队，多是一只或者是两只出来活动。

最多的一次，看到五六只靛颏，好像是在南沟的芦苇丛里。南沟的芦苇丛，有十来亩地，芦苇丛的上面是一片长满荒草的沼泽，因为杂草太多，常年荒废着。早年也曾种过水稻，但被荒草覆盖，一亩水稻，一季也就收获百八十斤，后来就不再种水稻，一直荒着。到了夏天，杂草半人高。

可能是靛颏喜欢草地，也可能是喜欢草地里的蚂蚱和数不清的虫子，靛颏时常光顾那片苇园。我每次去苇园，总能看到靛颏在那片草地上觅食。它们觅食的样子很可爱，有点散漫，有点悠闲，不慌不急，看到虫子，猛地一啄，那一啄，让你仿佛听到了“哧”地一声响。捉到虫子后，靛颏仰起头，把虫子吞到肚子里，然后继续不紧不慢地寻找另外一只虫子，或者是一粒草籽。

南沟的那片芦苇园，离家太远，比较偏僻，我很少去，每年也就去个二三次。我记得，去得最多的一年是1985年，那年我的一个喜欢养鸟的朋友，想养一只靛颏，我陪他抓过几次鸟，但没有抓到。靛颏是一种很机灵的鸟，下了几次网都没有逮着，朋友有点灰心丧气，就放弃了养靛颏的想法。

窗前的两只靛颏，还蹲在枣树上鸣叫，可能是叫的时间过长，院子里的狗有点不耐烦，仰起头“汪汪”叫了几声，两只靛颏似乎是受到了惊吓，忽闪着翅膀“嗖嗖”飞向了天空，只留下一串悦耳的鸣叫。

苇园，早在20世纪90年代初就被挖得精光，连同苇园上面的沼泽，全部被开成了水田。生产队时，曾经想把那片苇园和沼泽变成土地，但没有形成统一的意见，一直拖着。生产队没有干成的事，在土地承包后，被视土地为生命的乡亲们用镢头、铁锨开出了一片肥沃的土地。

南沟我后来一直没有去过，现在那道沟承包给南阳的大老板，苇园下面筑起了一道大坝。想来，南沟已经是一片水域了。南沟两边的山坡，也承包给开发商，山坡上种满了果树和景观树。

本来想去南沟看看，但觉得没有必要，原来山坡上的树被砍伐了，新栽了树，还是树苗。苇园没有了，苇园下面的几十亩水稻田也没有了。南沟，变成了一片水，准确地说，南沟变成了一个小水库。曾经的记忆，那苇园，那水稻，那靛颏，都被淹没在一片水中，还能看到什么？

好在，在我的老家还能看到靛颏，这已足够。

二

写靛颏，不能不提到一个人，这个人就是温玉奇。在我们老家，喜欢养鸟的，能养靛颏的，也只有温玉奇。

温玉奇养过靛颏。温玉奇养鸟，纯粹是为了好玩，不以营利为目的。至少，在我离开老家之前，他没用自己养的鸟换钱。他养鸟的品种很多，我们家乡有的鸟，他都养过。百灵、画眉、黄鹂等十几种。在乡村，温玉奇是属于那种不务正业的人。一个农民，不精心侍弄庄稼，是被人瞧不起的。

温玉奇不管这些，不是焦麦炸豆季节，他很少上地干活。农闲时，别人出去干点体力活，挣点小钱补贴家用，但温玉奇从不外出打工，每天围着他的鸟笼子转，喂喂鸟，遛遛鸟，没事就逗鸟玩。

印象中，第一次近距离看靛颏，就是在温玉奇家。当时觉得很是稀奇，橄榄色的羽毛，红胸脯，两道白眉，模样俊俏。我们几个小伙伴忍不住就用手去摸那鸟，温玉奇看到我们摸鸟很生气，就撵我们走。我们几个当然舍不得走，就泼皮耍赖不走。

温玉奇养鸟，从不买鸟，既然养鸟不卖，也就没有必要买。他养的靛颏，是自己捉的。他捉鸟的网，是自己做的，看着很难看，但很好用。他捉靛颏，基本都是在伏牛山浅山区。二三十里路，一天打个来回，很少落空。他捉鸟，不多捉，每次一两只，就是捉到再多的鸟，他也只挑选一两只好的，其余的放生。

有一年，他抓到一只红靛颏，十分满意。但那只靛颏脾性倔强，温玉奇给它喂食，它头一甩，把鸟食甩到地上。靛颏不吃食，温玉奇就把靛颏攥在手中，用左手的拇指与食指卡着鸟的上下嘴，右手拿一个竹片，挑少量调好的鸟食，平端到鸟嘴上方，轻抖竹片，鸟食顺着竹片滑到鸟的嘴里，然后在膝盖上蹾两下，食物就顺着鸟嘴进到食管里。他一边喂鸟一边说："我让你犟，我让你犟，是你犟还是我犟？看看，不是吃了吗？你不是犟着不吃吗？我跟你说，没有我治不服的鸟！"

他喂靛颏，每次只喂两三下就停下不喂了。我们问他："鸟没吃饱，咋就不喂了？"他笑笑，"小孩子懂个啥，这种犟鸟，不能喂饱，喂个五成饱就行了，饿它几次，它就不再捣蛋了。再喂它，就乖乖地吃食了。"

过几天我们又去温玉奇家看靛颏，那鸟看着温顺了很多。喂鸟时，温玉奇把鸡蛋煮熟，蛋清剥下，用蛋黄喂鸟。他走到鸟笼边，朝靛颏“嘘”了一声，靛颏头歪了一下，好像是在想过不过去，但很快就跑了过去，张开嘴，温玉奇把蛋黄一点一点丢到鸟的嘴里。我们感到惊奇，几天工夫，温玉奇就把鸟调教得很乖、很听话。鸟被驯服熟悉了，样子很可爱。

温玉奇后来又养了几只靛颏，我没有看到过，那时我已离开家乡，去一家金融单位上班。

有一年，好像是1995年吧，我回家，路上碰到温玉奇，他骑一辆崭新的飞鸽牌自行车。那时的乡村，能骑飞鸽牌自行车的不多。后来才知道，温玉奇不再养鸟了，他骑的那辆自行车，是用一只靛颏换的。

他的那些鸟，有的拿到南阳卖了，有的送人了。后来他去南阳看病，我问他为啥不养鸟了，他说：“年岁大了，没了玩心。再说，身体也不好。”

想想也是，七十多岁的人，还养啥鸟。

三

养鸟，是很有讲究的。过去养鸟，多是皇宫里的人或是高官、商贾，一般人家，养好鸟是养不起的。像四大名鸟，很多人就养不起。民间也有养名鸟的，但调教不出叫口上品的鸟。比如温玉奇，他养靛颏，在民间算得上高手，但与北京、天津等地养鸟把式调教出来的靛颏比，简直是天壤之别。

玩靛颏，最兴盛的应该是清朝。靛颏是四大名鸟之中饲喂最难的，越是不好养，越有人养。好养的鸟不好玩，玩难养的鸟，才有成就感。那时候，养靛颏的，多是八旗子弟。贵族养鸟，带动了鸟市的繁荣，在当时，一只精品的靛颏，能换几头骡马。因此，靛颏精品在四大名鸟之中，身价之高贵，是其他名鸟无法可比的。

老舍先生的《正红旗下》，生动地描述了清末北京城旗人的生活状态。老舍大姐的公公和婆婆，就是一对“活宝”。老舍大姐的公公官居四品，他的衣服非常整洁，而且带着樟脑的香味。无论冬夏，他总提着四个鸟笼子，里面是两只红靛颏，两只蓝靛颏。他不养别的鸟，红、蓝靛颏雅俗共赏，与他佐领的身份相配。由此可见，养鸟也是身份的象征。

这个四品顶戴的佐领，不爱带兵打仗，也可能不懂带兵打仗，但说起养鸟，却是行家。说养靛颏，就讲红、蓝靛颏怎么养，怎么遛，怎么“押”。说他的四个鸟笼子的制造方法，笼里的小磁食罐、小磁水池，以及清除鸟粪的小竹铲，都很讲究。

当然，养靛颏之所以流行，与皇宫养靛颏有着密切的关系。当时的皇宫，养鸟成风。老佛爷慈禧就喜欢养靛颏，请有专业的养鸟把式。据说，清朝唯一没有战功而封爵位的，就是一位靛颏把式，他养的靛颏能在冬天大叫。靛颏在春冬两季叫声小，而且含混不清。能把靛颏调教得在深冬大叫，也确实不易，老佛爷慈禧高兴了，封个爵位，还真是小菜一碟。

过去，北京的隆福寺、潘家园等都是鸟市，是养鸟者的集散地。老北京人养鸟讲究，选鸟更讲究。比如蓝靛颏，因胸部有蓝色羽环而得其名，选鸟时也多以喉部、胸脯的色彩来评定好坏。其胸部羽毛多成环状，分蓝、白、黑、绛几色。环多为佳，白羽为妙，黑毛为劣。现在常见的多为五道环，能见到七道的，那是需要缘分的。以前说的九道环，怕是只有神仙见过，也只能是神话了。

不知道现在北京人养靛颏，还有没有那么多讲究？其实，很多养鸟的技艺，早已失传。尤其是最近二三十年，人们的生存压力越来越大，恐怕没有人会付出如此大的精力，去侍弄一只鸟。

我所在的城市，也有养鸟的，养靛颏的也见过。他们养鸟，是业余的，也就是玩玩，没有人专职专业去伺候一只鸟。有的人养鸟，其实也就是玩高雅，就像某些有钱的人，书房里摆满了书，书上却落满了灰尘。

四

说说鸟笼吧。养鸟，鸟笼也很重要，一只好的鸟笼子，就是养鸟人的脸面。

说鸟笼，我老家的不行，鸟笼子都是芭茅秆做的，很简单。所以，还得回到北京。为啥？北京一直以来就是国家的政治、经济、文化中心，皇子皇孙、达官贵人、文人雅士、商贾富豪的集聚地。鸟市的兴隆，自不用说。

鸟笼子也是很讲究的，老北京的养鸟人，鸟笼子多是定做的，活笼子最讲究，用的是白茬水磨细竹，且多是陈年竹子。次之用漆笼，前清有专做紫漆笼的，有一个叫傅三的人，做的紫漆靛颏笼，在北京城很有名气的，人称“傅三紫漆”。

靛颏笼子早年直径为八寸五分，清末长至九寸，现在可能又多点。鸟笼竖着的竹棍称为“笼条”，笼条早年为四十八根，近年因直径加大，多为五十六根，因为鸟笼的笼条必须是双数。

老北京当年的鸟市，有很多笼子铺，做的就是鸟笼子的生意。珠市口以南一带笼子铺，兼做定活笼，手艺不太精。天桥新兴的笼子铺中，倒有几家预备陈竹，手艺精细，能做好笼的以小卢、小吴最为有名。隆福寺一带笼子铺，除做行笼外，专应定活。

当年北京城的笼子铺，据说生意很火爆。北京的鸟笼子，五花八门，养什么鸟，做什么鸟笼。你养画眉，有专门的画眉笼；你养百灵，有专门的百灵笼。什么样的鸟笼，有什么样的尺寸，笼条用多少根，笼圈用几道圈，都是有路数的。要不，咋说北京人养鸟讲究呢？

我们老家人养鸟就没有那么多讲究，也讲究不起。我小时候养鸟，用的都是芭茅秆做的鸟笼，也有用高粱秆和木条做鸟笼的，好一点的鸟笼就是用细铁丝做的。家乡人养鸟不专业，鸟笼子也就是凑合着用，只要能圈着鸟不跑就行。

我在乡下看到最好的鸟笼子，就是温玉奇家的鸟笼，也就一个。温家的鸟笼子是个老玩意，温玉奇说是他爷爷留下的。竹制的笼子，刷紫漆，我们看到时，那鸟笼上的紫漆，基本变成了黑漆，看上去油光发亮，不细看还真看不出是紫漆，但鸟笼子保存得很好，没有一点破损。我对鸟笼不懂，但那是我见到的最好的鸟笼，很有些年头的老物件。

那个鸟笼后来被温玉奇的儿子卖了，那时候温玉奇生病，癌症，花光了家里的积蓄，没办法，他儿子就把那个鸟笼子拿到南阳卖了，据说卖了好几百元。那时候的几百元钱，估计够温玉奇吃一个月的药了。

现在的乡村，已经没人养鸟了。人们都出去挣钱，谁还养鸟？

不养鸟也好，人说玩物丧志，虽不尽然，但也有道理。再说，提笼架鸟，也不是人人玩得起的。就说乡下人养鸟，与养鸡何异？有时间出去做做工，养家糊口，把日子过得滋滋腻腻才是本分。就是城市又如何？除了有钱的人家，谁不面临生存压力？说白了，养鸟，是有钱人家的事。再说，囚野鸟入笼，虽未杀生，但与杀生又有什么不同？如此做法，形同囚人，于情于理，都不是应该做的事。

五

日有所思，夜有所梦。这话一点不假。

昨晚做个梦，梦中我回到家乡，去了南沟，还未到南沟，远远地看见一片苇园，足足有几十亩。原来的沼泽，也长满了芦苇。苇园下面，是一片绿色的稻田，远远地，我看到芦苇和水稻在风中摇摆，我还看到芦苇已经扬花，水稻开始抽穗，看到鸟在芦苇、谷穗上面蹲着，鸟随着风，在芦苇和水稻上摇摆。

我屏住呼吸，蹑手蹑脚地走近苇园，看到很多鸟，大苇莺、秧鸡、画眉、百灵，我看到一群暗绿色的鸟，在草地上觅食，它们抬起头，我看到了它们脖子下面的一片红，有点耀眼。那红，血红、鲜红、艳红、殷红，散发着刺眼的光芒。

我有点惊呆，这不是红靛颏吗？是红点颏！我觉得有点不真实，不是我记忆里的南沟。我记忆里的南沟没有这么大的苇园，也没看到如此多的红靛颏。我记忆中的南沟，苇园不大，只有十来亩，还有沼泽，也没看到过成群结队的红靛颏。我记忆中的南沟，苇园早已被砍伐，变成了稻田。再后来，稻田被淹没在一片水中。

我这样想时，就看到几个人从山坡上走下来，走到苇园，手一扬，石块在空中翻飞，然后落到那群觅食的靛颏中。靛颏受到惊吓，嗖嗖飞起，还未飞到半空，就被一张网粘着。我看到靛颏一只只挂在网上拼命地扑腾，惊恐地鸣叫，叫声凄厉，从苇园划过，随着风钻进我的耳朵，震得我两耳发麻，脑壳疼痛。

我大喊一声，向苇园的那张网跑去，我想扯下那张网，可我还未伸出手，就被两个人按倒在地，其中的一个人，手中握着一把刀，向我刺来。我惊叫一声，从梦中醒来。此时，天色已亮，窗外，传来一阵鸟鸣声。

我披衣起床，想起单位最近常有人用网粘鸟。单位的前后是两片树林，前边是紫荆、桂花，后边是桃园，常有成群的鸟在林子里栖息，粘鸟人就盯上了单位的林子。我走到后边的桃园，果不其然，桃园上空拦了两道网，有十来只鸟挂在网上，有气无力地鸣叫。

我扯下粘鸟网，放飞了粘在上面的鸟。刚走出果园，看到有人朝桃园走来。心想，是粘鸟的人吧。这样一想，就想起昨晚的梦，心中不免有点恐惧。

想想也是，你断了人家的财路，人家很可能会来报复。再说，以一己之力，你能扯下这里的网，但能扯下所有粘鸟人的网吗？当然不能。这样一来，想还鸟们一片自由的蓝天，也只能是一种愿望。

云雀：边飞边鸣歌共舞

一

在乡下的日子，我喜欢鸟，闲暇，走上山坡，看鸟听鸟。爱鸟，山水也是要爱的。山上有树，一片的绿，连绵数十里上百里，那绿，浓得化不开。山上也有花，白的花、黄的花、绿的花、紫的花、红的花，七彩娇艳花，也可能是十彩的。山上还有石头，还有风，还有飘逸的云朵；走进山野，其实你就走进了风景。

坐在风景里看鸟，很多人享受不到。城里人享受不到，乡下的人也未必都能享受到。能享受这样美妙的生活，是爱鸟的人。乡村人，头顶日头脚蹬地，忙罢水田忙旱田，顾不上看风景看鸟。城市里有爱鸟的人，他们没时间，只能围着鸟笼转转。也只有生活在乡下，又爱鸟的人才有这样的福气。

我就是那个有福气的人。我那时就住在乡下。其实住在乡下不重

云　雀

要，重要的是，我是那个爱鸟人。于是，很多时候，我就坐在风景里看鸟，或者听鸟。对于很多人来说，这看起来有点奢侈，可对于我，不是。看鸟听鸟，于我而言，稀松平常。

山上很多鸟，山雀、百灵、云雀、斑鸠、鹌鹑、喜鹊、燕子，叽叽喳喳地叫。都是熟悉的鸟，熟悉的鸟鸣，它们在山坡上追逐嬉戏，自由自在。坐在山坡上，你就着了迷，好像这山这树这花草这鸟，不是原来的山原来的树原来的花草原来的鸟。好像你坐着的山坡，是一片仙境。

在家乡，我喜欢云雀，喜欢它们婉转的鸣叫，喜欢它们独特的飞翔姿态，喜欢它们成群结队觅食的情景。因为喜欢，我觉得，云雀是最美的鸟。虽然它们并不华丽，没有鲜艳的羽毛，但这并不能改变我对它们的喜爱。

老家的山上，多云雀，走在山野里，到处都是它们的身影。云雀，褐色与浅黄色相间的背，白色的腹，分叉的尾，身上布满细纹。如果你不仔细看，很可能误以为是麻雀。云雀的叫声连贯，活泼悦耳，洪亮动听。春天，是云雀的繁殖期，雄鸟为了吸引雌鸟，有时悬停天空鸣叫，有时响亮地拍动翅膀，持续发出成串的颤音和颤鸣，以此吸引雌鸟的注意。云雀，是鸣禽中少数在飞行中鸣叫的鸟类。

你行走在山野，只要听到“嘀呖呖——嘀呖呖——嘀呖呖”的鸣叫声，这便是云雀。如果你听到“吱吱——吱吱”的叫声，这是云雀遇到了危险，或者是在向威胁到它们的对象发出的警告。但是，很多时候，人和动物还没走近它们就“嗖嗖嗖”飞走了。它们是精明的鸟，不会让危险靠近自己。

当然，云雀天籁般的长鸣，不是你想听就能听到的。它们的鸣叫，只能在天空中，在自由的大地上。如果是笼养的云雀，这样的声音很难听得到。云雀的长鸣，多是在求偶时发出的，养在笼子里的云雀，没有求偶时的激情，也没有求偶时的斗志，更没有在大自然中的那种活泼和灵气，当然也就叫不出自由天空中的天籁之音。

阳春三月，是听云雀鸣叫的最佳时期。这段日子，是鸟们求偶的时节，天空中，大地上，到处都是鸟的鸣叫。在晴朗的日子，躺在山坡上，仰望天空，你很容易看到悬在天空中鸣叫的云雀。那姿态，那声音，会让你沉醉，不知归路。

不管你相信不相信，在春天的山野，听鸟叫，绝对是一种享受。你信，云雀在叫；你不信，云雀也在叫。如果有机会，你不妨走进山野，听听美妙的天籁之音。

二

不能不想起我的青少年，没有青少年时代的那段经历，我对乡村将是一知半解，也可以说是一张白纸。

那个贫困、艰难、孤独、寂寞的年代，山野、河流是我们的乐园。山野里有鸟、野兔、狐狸、刺猬、黄鼠狼、狼；河流里有鱼、泥鳅、黄鳝、河虾、螃蟹。这些动物的存在，让我们的青少年时代充满了乐趣。

小时候喜欢在山坡上溜达，看鸟打架，看兔子蹬鹰，看黄鼠狼斗刺猬。动物们打架很有意思。双方争斗，斗得你死我活，有惊喜，有担忧，有悲伤，有无奈，看得你惊心动魄。尤其是看到黄鼠狼吃刺猬的场景，心里总有一种说不出的悲伤。

看鸟打架是很有趣的。看到最多的是麻雀打架，两只鸟不知道为什么突然就打起来了，呼扇着翅膀，你啄我一口，我啄你一口，斗得羽毛乱飞，最后两只麻雀倒在地上，相互啄着对方不松口。黄鹂与画眉都是打架高手，双方虽有受伤，但没看到过被一方啄死的现象。伯劳打架，可谓是你死我活，伯劳本身就吃小鸟，凡是与伯劳打架的鸟，多被伯劳吃掉，血腥残忍。

云雀打架，虽不血腥，但场面宏大，让人观而叹之。1985年春天，我在老家的山坡上看到了云雀打架，应该说，是云雀大战。开始有几十只云雀，在山坡上飞来飞去，互相冲击，后来有一二百只云雀参战。有的在天空中你来我往斗，有的在地上斗，天空中鸟的羽毛纷飞，像春天的杨树花。

单只的云雀打架，可能是争配偶。如此众多的云雀打架，绝对不是为了争夺交配权，应该是为了争领地。我不知道云雀会不会像狼那样，为争夺领地血腥拼杀。但那场面，应该是为争夺地盘而战。

几百只鸟，密密麻麻一大片，在一个土丘上打得天昏地暗。很多鸟在战斗中受伤，有的蹲在树梢上，有的蹲在石头上，还有的就蹲在地上，耷拉着头，不动也不叫。在写这篇文章时，我查看了一些资料，才知道云雀大战，多是为了争夺领地。斗胜的一方，夺取领地；斗败的一方，离开这里。斗败的鸟，叫寒雀。寒雀从此斗志尽失，不大鸣叫，胆小怕人。

此前也看到过云雀争斗，两只云雀“叽叽喳喳”叫一阵，像是在吵嘴，吵着吵着就打了起来。打到最后，一只云雀灰溜溜地跑了，另一只云雀飞到树梢上，蹲在雌云雀身边，“嘀呖呖”地叫，一副胜利者的姿态。

看鸟们的战争，就觉得动物与人一样，为了生存，为了繁衍，吵吵闹闹，争来斗去。在这一点上，人与动物也没有什么区别，只不过人高级一点罢了。

这样想，就觉得少年时代是最美好的岁月，单纯，没有欲望。

只是，我们已无法回到那个年月。逝去的，是不会再回来。想想也是，我现在还能回到家乡，坐在山坡上，看鸟们打架，听鸟们鸣叫吗？当然不能。我知道，我已无法回到过去，面对生存的压力，我只能不停地奔波，奔波。

三

我养过一对云雀，一公一母，成双成对，这样的云雀好养。单只的云雀，没有伴，太孤独，不容易养活。这两只云雀是抓的雏鸟，直接从鸟窝里抓走的。我盯这窝雏鸟，盯了半月，抓的时候都能扑扑棱棱飞。

为养云雀，我是费了大劲儿的。云雀繁殖期间，集聚而来，黑乎乎一片，在天空盘旋，鸣叫声几里可闻，然后在山坡上做窝。寻找鸟窝，不用遍山野岭寻找，就看鸟从哪里起飞。养鸟的人知道，鸟落的地方，不一定就是鸟窝。但鸟起飞的地方，鸟窝就在附近，这叫“看起不看落”。一般来说，鸟窝多筑在向阳的坡面，比较隐蔽的地方，沙丘、土坡的草丛中，荆棘和灌丛下。当然，这是指繁殖期间。不过，也不是百分之百地有把握。

我找到鸟窝时，只有两枚鸟蛋，后来四枚，再后来就变成了小鸟，红赤赤的，身上没有一根毛。过三两天，雏鸟身上长满了白绒毛。那些天，几乎天天去山坡上看小鸟，生怕疏忽了，小鸟出了窝。鸟窝边的沙土，被我踩得明晃晃的。

那时的鸟傻乎乎的，对人没有防备，你摸摸鸟蛋，玩玩幼鸟，它们也不会在意。现在的鸟，精能着呢，只要你动了鸟窝，或者是摸了鸟蛋，它们很快就会搬家。也可能是鸟被人抓怕了，学会了自我保护。

抓这两只云雀之前，专门问了怎么识别公母。养鸟人说，头小、颈长、身长、尾长，头后边的毛，从两边向中间长，是公鸟；头稍大，脖子短，身体肥大，头后边的毛直接长下来，不向中间集中，基本就是母鸟。另外，看鸟的公母，看喉咙也是关键，发红的是公鸟，橙黄的是母鸟。我就是按照这样的标准抓了两只鸟，结果，还真的是一公一母。

那时候养鸟，没有多少讲究。云雀的食物，就是在山坡上捉的蚂蚱，偶尔也喂些食物。蚂蚱大的不行，消化不了，只能喂幼小的蚂蚱。那段时间，整天上山坡上抓蚂蚱，晒得黑不溜秋的，身上蜕了一层皮。

鸟养得肥实实的，看着讨人喜欢，但不大叫，任凭我怎么逗它也很少叫，偶尔叫几声，声音有点喑哑。有的云雀，也不大鸣叫，但到了黎明时分，就开嗓大叫。我养的这两只云雀，自始至终不肯大叫。

我少年的玩伴，后来的恋人蕾说："养鸟不会调教，还养啥鸟？"蕾帮我调教，还是不叫。蕾说："养鸟不叫，多没意思。我爸会养鸟，我拿回去让他调教调教，调教好了，再还给你。"

我知道，蕾是喜欢这两只云雀，想要，但不好意思明要，就找借口。此前，我给蕾抓过两只云雀，养得很欢实。后来死了一只，蕾总觉得养一只鸟是个缺憾，就变着法子想要我的两只云雀。我知道蕾的心思，就把两只云雀送了蕾。

蕾后来还真把云雀送了回来，但不是两只，是一只，就是蕾养的那只。蕾送回来的那只云雀，可能是死了同伴有些伤心，或者是孤独，也不怎么叫。

蕾笑着安慰我说："这只云雀才到你家，有点怕生，过些日子就熟悉了，就会叫了。原来在我家，叫得很好听呢！"

蕾送回来的云雀，一直不叫，一副无精打采的模样。养了一段时间，就没了心情。我觉得我不是养鸟的料，养了很多鸟，死的死，不叫的不叫，也就没了再养下去的兴趣。

那只孤独的云雀，被我拎到山坡上，手一挥，飞走了。它似乎与我没有什么感情，飞到树梢上，“嘀呖嘀呖”叫几声，算是对我养它一个多月的回报。

四

2016年春天，我在家乡看到过一次放生。近年来，一些爱心人士定期举办放生活动，他们从市场上买来鱼、龟、泥鳅、黄鳝等水产动物，运到河流、湖泊放生；买来野兔、黄鼠狼、狐狸及鸟类到山坡上放生。

爱心人士放生野生动物，本意是好的，但无形中助长了一些利欲熏心的人，他们抓住爱心人士举办放生活动的机会大肆捕猎、收购野生动物，然后再卖给爱心人士，以此获取暴利。因此，我对放生这一义举并不赞成。在我看来，他们所谓的放生，实则是杀生。

放生活动，似乎与云雀无关，但是，我看到的放生，与云雀有着密切的关联。

这次放生，全部是鸟。一笼斑鸠，大概五十多只，两箱云雀，有百余只，还有猫头鹰、雉鸡、鹌鹑等鸟二百多只。很多鸟放生后，飞不起来，有的在山坡上呼扇着翅膀扑棱，有的飞了很短的距离便落在树梢上，怂头奋脑，萎靡不振。有几只雉鸡可能是受了伤，飞不起来，刚放生没多久，就被村人抓走了。还有一只猫头鹰，只用一只翅膀呼扇，另一只翅膀奄拉着，我怕被人伤害，就抓了回去，养了十来天，伤好后，放生了。

让我揪心的是那些云雀，还未放生，就有十几只已死在铁丝笼里，它们还未呼吸到自由的空气，还未呼扇一下被束缚的翅膀，就悄无声息地死去了。看着这些死去的云雀，心中顿生一种无名的伤感。

这仅仅是我看到的，那些飞行艰难的鸟，那些落在树梢上的鸟，那些身上被磕磕碰碰的鸟，它们虽然被放生，但能不能熬过一个夜晚、活过一个黎明，我无法预测。我唯一能做的，是为这些大地上的精灵祈祷。

我去了花鸟市场，看到有很多卖鸟的，卖水产动物的，卖小野生动物的。我问他们有多少，他们开始有点遮遮掩掩，但当听说是买回去放生的，脸上掠过一丝笑意，说话也和蔼多了。他问“你要多少鸟？”我说：“一二百只吧！”他问：“要什么鸟？”我说：“有什么鸟？”他说：“只要是本地有的，要什么有什么。”

我突然想起单位附近树林里的粘鸟网，只要鸟误撞到网上，不论大小鸟，无一能幸运逃脱。我想，他们的货源，就是那些被网住的鸟。我曾经看到过网鸟的人，每天四处张网，大鸟小鸟，尽收网中。三两人结伴网鸟，一天几十只，甚至上百只。

我看到放生的百十只云雀，也许就是网鸟的人从网上捉回来，然后卖给放生的爱心人士的。可谁又知道，这些云雀被放生后，会不会再次撞到网上，再次被爱心人士买走放生？它们短短的一生，又能被卖多少次？我无法给出答案。

但愿我们的世界上少一些这样的“爱心人士”。没有他们所谓“爱心”的呵护，那些小动物，那些鱼虾，那些鸟，可能会活得更加自由自在。

鹡鸰：*行摇飞鸣见弟情*

一

鹡鸰，一种鸟，家乡的山坡上常见。走在山坡上，你听到“唧铃——唧铃——唧铃”的鸣叫声，这鸟，就是鹡鸰。

在家乡，鹡鸰有多种，常见的是山鹡鸰，不经意间，在山林里就看到了它们的身影。黄鹡鸰见的不多，它们常在河滩的草地里出没；白鹡鸰只是偶尔见过，一年也见不到几次。

少年时代，生性好动，经常在山坡上、草地里、小河边玩耍，时不时地会看到它们的身影。有时候一两只，有时候三五只，还有的时候成群结队。能看到的多是三五只，成群的很少。我看到最多的鹡鸰鸟也就二三十只。

山鹡鸰，在我的印象中不恋群，经常单独或成对在树林里活动。停栖时，尾巴不停地动，左一下右一下，向两边摆动。这跟其他的鹡

鹡　鸰

鸰不一样，尾巴上下摆动。飞行时，翅膀像波浪一般，很典型鹡鸰类的波浪式飞行。

黄鹡鸰，体形大小和山鹡鸰差不多，头顶蓝灰色或暗色，背部橄榄绿色，也有灰色的，腹部黄色，色彩亮丽。黄鹡鸰喜欢在有水的地方活动。成群结队觅食，群鸟飞行时发出尖细悦耳的鸣叫声。它们喜欢在河边停留，有时也沿着水边来回不停地走动。飞行时两翅一收一伸，呈波浪式飞翔。还有一种黄头鹡鸰，头黄色，下体黄色，羽毛鲜艳，我们也叫它黄鹡鸰。

白鹡鸰羽毛为黑白二色。栖息于村落、河流、小溪、水塘等附近，在离水较近的耕地、山坡等均可见到。单独或结队活动，也结小群活动。有时在地上慢步行走，或是跑动捕食。遇人则斜着起飞，边飞边鸣。

我家住在山坡上，后面是松林，站在山坡上看，四周都是松树，看不到边。鸟就在松林里飞，有的落在树上，有的在树下的荒草地上，还有的落在灌木丛上，叽叽喳喳叫。走在山坡上，你听到的都是鸟声，你走到哪里，鸟声就陪伴到哪里。山野，是鸟的世界。

鹡鸰也蹲在松树上，“唧铃——唧铃”地叫，它们不知疲倦，不间断地叫，你方叫罢他方叫。但这鸟有点胆小，只要人靠近它们，尾巴一摆，“嗖嗖”地就飞走了，只留下一阵鸣叫声。

在我的记忆里，村子里没人养过鹡鸰。我从未看到有人养鹡鸰。我小时候喜欢养鸟，却没有养过这种鸟。我那时想养黄头鹡鸰，这种很好看的鸟，谁看了都想养一只。可有人说，这种鸟不好养，叫声也不怎么好听，后来也就没有养。

记忆最深刻的是白鹡鸰，这是一种很有耐心的鸟，只要没人惊动，会长时间站在一个地方不动，尾巴不停地上下摆动。那年我在老家东河拔稻田草，干活累了就到田埂上休息，走上田埂，坐在一棵杨树下乘凉，突然就听到两声鸟鸣，声音不大，感觉是在很悠闲的时候发出的鸣叫。抬起头，看到两只白鹡鸰，在河滩的一块草地上溜达。它们慢悠悠的，站在那里，抬起腿，慢慢放下，再抬腿，再慢慢放下，一米的距离，能走几分钟。

我在树下看了几分钟，感觉它们还站在原地。我起来干活时，碰到了树枝，弄出一点响动，它们尾巴一撅一撅，呼扇呼扇翅膀，想飞，但最终没有飞起来。当时我想，这鸟，是懒鸟。

再就是黄鹡鸰，也给我留下很深的印象。那是20世纪80年代初，我认识一个南阳女孩儿，她叫梅，那次我带她上金钟山，在金钟山的一片草地上看到过一群黄鹡鸰。那是我看到最多的黄鹡鸰，有一百多只，在草地上蹦跳。

梅很惊奇，仰着脸看了半天，舍不得离去。她说："我看到最多的鸟是麻雀，有几百只。除了麻雀，还没看到这么多好看的鸟。"

梅那天还看到了百灵、画眉、黄鹂等很多种鸟，梅玩得很开心，有点恋恋不舍的样子。梅走的时候说，她还会来的，来看鸟。梅后来没有来，我后来也没有看到过那么多的黄鹡鸰。好像梅走了，把黄鹡鸰也带离了我的家乡。

二

我站在伏牛山的儿子山金钟山上，此刻，鸟声四起。我听到了山雀、百灵、布谷、黄鹂的鸣叫，这些熟悉的鸟，它们的叫声让我心动。这是20世纪80年代中期春夏之交的一天。

那天，我骑着一辆飞鹰自行车，带着南阳女孩儿梅，骑了十八里山路，登上了这座七八百米高的小山。梅的家在南阳市城乡接合部，那里没有山，鸟也不多。梅初到山区，对山里的一切都很新鲜。梅对我说，想上山玩。我住的那个小山村，没啥好玩的地方，于是我带梅来到了金钟山。

认识梅，是在偶然的状态下。那时候我在农村，秋天花生下来，没事可干时就走村串户收购花生果，用粗眼筛子搓花生果，去壳后就成了花生米。然后到南阳推销花生米。那时候花生少，很多饭店没有花生米卖。我们就把花生米卖到饭店，一斤花生米大概能赚五分到一毛钱。收的花生果籽粒饱满的话，一斤能赚一毛二三分钱。

梅的家在南阳市郊，属于城镇户口，好像叫菜队，低于城市户口，高于农村户口。她家没啥地，她父亲就进城开饭店，她跟着父亲在城里读书。我去卖花生米，有时候钱周转不过来，就赊给梅的父亲，下次送花生米时，再付钱。印象中，梅那时正读高中，我去卖花生米，梅也帮我抬花生米，然后过磅。付钱时，梅还帮着她父亲数钱。那时候钱金贵，遇到有零头时，梅的父亲就说零头就算了吧！我说算了就算了吧！可梅每次数钱，总是有零有整，如数付清。梅的父亲就笑笑说：“这闺女，胳膊肘咋总往外拐。”

梅的父亲看我实在，就对我说：“你的花生米我包了，有多少我要多少。”其实，他家的小饭店也用不了那么多。梅的父亲就喊认识的同行来买我的花生米，帮我推销。

我与梅就是这样熟悉的。

梅高中毕业没有考上大学，就待在饭店里帮她父亲打理生意。我每次去梅家的饭店，总是看见梅在看书，有时候看琼瑶的小说，有时候看文摘杂志。没事的时候梅问我：“山里好玩吗？山里有狼吗？山里鸟多吗?”

我对梅说，没事你去看看就知道了。梅说我去你欢迎吗？我说欢迎。梅说那我真的去了。我说你去吧！

梅真的就来了，来到了我居住的小山村，我那个破烂的家。于是，我就带着梅，来到了金钟山。

我和梅沿着弯曲的山路，向山中走去。一路上，不时有鸟飞过，留下一串串鸟鸣声。梅说山里鸟真多啊！走着走着，梅停下了脚步，盯着一棵树看，原来树上蹲着两只棕色的鸟。梅说是画眉吧？我说是画眉。

走到一片洼地，是一片栗毛林，我对梅说：“栗毛是养柞蚕的，每年砍一次，第二年长出新的枝条，用来养柞蚕。”洼地里的栗毛，可能是长年没有砍伐的缘故，就长成了胳膊粗的小树，三五米高，密密麻麻的把山洼遮得严严实实。还未走进栗毛林，就听见“咯咯”两声鸣叫，接着扑棱棱飞出一只野鸡，吓得梅打了个寒噤。我说：“别怕，是野鸡。”

翻过一个山嘴，下面是一道沟，沟中有一个堰潭，有十几亩大，里面长满了水草，堰潭下面是稻田。堰潭里，有几只水鸭子在水面上游。梅说看看去，还没有见过水鸟呢。还未走近，就看见一群鸟从山上飞来，落在稻田边的一片荒草地上。

看见鸟，我们停下了脚步。梅站在我的身边，风吹着她的长发，在我的眼前舞动。梅看鸟很专注，仰着脸看那群鸟。那鸟，黄头，灰背，黄腹，黄的艳黄，灰的淡灰，色彩亮丽。梅问：“啥鸟？”我说：“鹡鸰。”梅说：“知道这种鸟，是在书里，好像是在唐诗里面。但看见这鸟，还是第一次。”生活在平原小镇的梅，当然没见过鹡鸰。其实，就是生活在山区的我，对家乡的鸟，也不是十分的熟悉。家乡的鸟，有很多种我叫不上名字。

黄鹡鸰很悠闲地在草地上漫步，它们好像是在寻找着什么，似乎什么也没找，就是在散步。梅看着鸟说：“我想起来了，是韩愈的诗，里面有两句我记得很清楚，是‘冏冏抱瑚琏，飞飞联鹡鸰’。好像是说，鹡鸰双飞，兄弟情深吧！”

鹡鸰好像是玩累了，也好像是在一个地方玩有点厌烦，呼扇呼扇翅膀，飞走了。梅突然说：“鸟多自由，人不如鸟啊！”我说：“你不自由吗？”梅看看我，没吭声。

回去的时候，梅有点恋恋不舍。梅说：“山里真好，要是住在山里，看看鸟，种种水稻，读读书，该有多好啊！”梅又说：“我还会再来的，还来这里看鸟。”

三

鹡鸰在乡村，是一种并不起眼的鸟。它们不像麻雀、燕子，经常在乡村人的眼前飞来飞去，人们对它不太了解，有一种陌生感。它们也不像画眉、百灵、鹦鹉、黄鹂那样，被圈养在笼子里，受到人们的宠爱。因此，鹡鸰一度受到了乡村人的冷落。

但是鹡鸰，它却是最早走进《诗经》的鸟。《诗经》里说：“患难相顾，似鹡鸰之在原；手足分离，如雁行之折翼。”意思是说，兄弟间患难与共，彼此顾恤，喻为鹡鸰在原；手足分离，则如同飞雁被折断了翅膀一样。

据说，鹡鸰十分重情义，成群结队的鹡鸰在原野活动，一旦有鸟离群，所有的鹡鸰都会发出紧急、短促的鸣叫声，呼唤落单的同伴，直到同伴安全归来。鹡鸰重情重义，不遗弃同类，实际上也是一种团队精神。但在前人的文学作品中，大多把这种团队精神归纳为兄弟情谊。也因为如此，作为象征兄弟情谊的鹡鸰，走进了文学作品。所以说，鹡鸰是一种具有文化潜质的鸟。

鹡鸰有没有文化潜质，对乡村人来说并不重要，但对于文人骚客而言，一只鸟重情重义，是值得大书特书的。

在古代诗文中，以鹡鸰鸟喻兄弟的有唐朝大诗人孟浩然的“泪沾明月峡，心断鹡鸰原”。

宋代诗人黄庭坚的“急雪鹡鸰相并影，惊风鸿雁不成行”，明代谢榛的“一对郫筒肠欲断，鹡鸰原上草萧萧”，清末谭嗣同的“风樯抗手别家园，家有贤兄感鹡原”等，翻阅历代诗歌，赞扬鹡鸰鸟的诗歌有十多首之多。

而把兄弟情分演绎到极致的，当属古代四大名著之一《水浒传》，小说中看似写的是自然界中的鹡鸰鸟，实际是在写梁山泊兄弟的深情厚谊。在《水浒传》最后一回里，宋江等人被蔡京、童贯、高俅、杨戬四个奸臣用毒酒毒杀后，戴宗趁皇上幽会李师师的恍惚间，就“启请陛下车驾同行”，到得一个去处，但见漫漫烟水，隐隐云山，不观日月光明，只见水天一色。红瑟瑟满目蓼花，绿依依一洲芦叶。双双鸿雁，哀鸣在沙渚矶头；对对鹡鸰，倦宿在败荷汀畔。霜枫簇簇，似离人点染泪波；风柳疏疏，如怨妇蹙颦眉黛。淡月寒星长夜景，凉风冷露九秋天。

在此，作者借景寓情，曾经的梁山水泊，是多么美好，大块儿吃肉，大口喝酒，兄弟同心，时时欢聚，热闹非凡。而如今的蓼儿洼，一片清寂，昔日的兄弟，死的死残的残，天各一方，往日的盛况，一去不再复返，只留下凄凄惨惨戚戚。多么鲜明的对比啊！

当然，除了写鹡鸰的兄弟情谊外，还有写鹡鸰在自然界里的生存方式，飞行姿态，鸣叫情景的也有一部分。

唐朝皇帝李隆基的《鹡鸰颂》，写的就是当时宫廷里的情景。说某年九月，千余只鹡鸰飞进皇宫游玩，十天过去，鹡鸰鸟仍不离去，就连拍手轰撵它们也不肯飞走。于是，玄宗邀请了臣子赏鸟，作《鹡鸰颂》一首，并手书一卷，留下了唯一的墨迹。这首《鹡鸰颂》用文不多，却把鹡鸰鸟写得极为传神。尤其是“飞鸣行摇”，把鹡鸰鸟飞动时的鸣叫、摇尾等习性写得活灵活现。

如此多的鹡鸰鸟集结成群，我至今没有看到过。不要说千余只鹡鸰，就是三五百只集群的鹡鸰至今无缘一见。我与梅看到的鹡鸰，虽只有百只有余，却已令我们震惊不已。

四

写到这里，不能不说说梅。虽然我与梅命中注定终将陌路，但记忆却无法抹去。

梅回去后开始复习功课，准备考学。梅说她不想一辈子像父亲一样守着一个小饭店，弄得浑身油腻，还被人呼来唤去。梅想考大学，哪怕考一个师范学校，当教师也行。

我后来不再贩卖花生、做花生贩子了。不倒腾花生米，就与梅失去了联系。那年月没有手机，没有电话，想联系也联系不到。

我不做小贩，就去了南阳蒲山干活，就是放炮开山，崩下的石块用铁锤敲碎，拉到采石场。

我从蒲山回来后，母亲告诉我说，有个南阳的女孩儿，来家里找你，那孩子没见到你，饭也没吃就走了。走时让母亲捎话，让我去南阳找她。

母亲说的那个女孩儿，就是梅。

这可能是1987年吧。那时候我正在蒲山拉石头，从采石场拉到石子场，然后打成小石子，卖给盖房子的人。也有的拉到石灰厂、水泥厂，烧成石灰和水泥。

开始我想去南阳找梅，我要带她去金钟山看鸟，看鹡鸰，我答应过她，我不能食言。

但我最终还是没去。我知道，我与梅，只是彼此生命里的过客。

那年代，城乡之间的差别很大，梅虽不是城市姑娘，但是城镇菜队户口，属于半个城里人。不要小看这半个城里人，在当时，菜队户口可以招工，企业占用土地还可以招占地工，不管啥工，就是进工厂当正式工人。工人，在那个年代，是一个令人羡慕的职业。

梅后来给我写过一封信，可那时我正在皇后乡政府搞新闻报道，就是一临时工，甚至连临时工也算不上。皇后乡离我家百十里路，我很少回家，一两个月才回一次家。看到那封信后，我去南阳找过梅，可梅父亲开的那家饭馆已转让。问了，不知道去向，只好怅然回家。

有时候，人不能不相信命运。就像我和梅。

麻雀：短翎瘦影亦横空

一

麻雀是属于乡村的，它们是乡村的精灵和歌者。乡村没有麻雀，乡村是孤独的；树上没有麻雀，树是孤独的；天空没有麻雀，天空是孤独的。是的，没有麻雀的世界，是多么的孤独。

孤独，是一个可怕的词语。它让人想起失眠的暗夜，茫茫沙漠独行的人，大海里漂泊的孤舟。

我一直认为，一个村庄，是由人、麻雀、树、炊烟组成的。人是一个村庄的主宰，没有人就没有村庄；麻雀是村庄的歌手，没有麻雀的村庄，是沉寂的，少了一些灵动；树是村庄的风景，村庄里没有树，村庄就显得枯萎，没有生机；炊烟是村庄脸上的胭脂，炊烟把村庄打扮的虚幻、缥缈、俊秀、美丽。

麻雀是歌手，我从未怀疑。村庄是麻雀的舞台，在村庄的舞台

麻　雀

上，麻雀的歌声格外的清脆、悠扬、高亢。大地也是一个大舞台，麻雀也可以在舞台上尽情地演唱，可离开村庄的麻雀，便没有了观众。没有观众，麻雀的歌声就显得喑哑。

一个村庄，没有麻雀，是不可想象的。如果连一只麻雀都不肯栖息的村庄，这个村庄可能是荒芜的，弥漫着腐败的气味。麻雀也可能暂时落在房舍上、树枝上、院子里，但是很快它们就会离开，这里的空气，有刺鼻的酸臭气味。这样的味道，会让麻雀们呼吸困难，落荒而逃。

在我的记忆里，麻雀从没有离开过村庄，哪怕是很短的时间。如果一个村庄一整天看不到麻雀，这个村庄便不适宜人居。我父亲的一生，是在麻雀的歌声陪伴下度过的；我爷爷的一生，是在麻雀的歌声陪伴下度过的；我爷爷的爷爷的一生，也是在麻雀的歌声陪伴下度过的。没有哪个人，生活在没有麻雀的世界里。这是我父亲说的，我父亲不识字，但能说出这样的话，说明我父亲是智慧的。

父亲告诉我一个朴素的真理——麻雀是古典的。几千年几万年，麻雀一直存在着，它们就生活在我们居住的村庄里，陪伴着我们。我想没有人会对此产生怀疑。你怀疑麻雀在我们的身边存在，就像怀疑女人不会生孩子一样，毫无道理。我相信在乡村生活过的人，也都不会怀疑。

人与麻雀，看似是两个不同的物种，但又是一个不可分割的群体。乡村没有麻雀的存在，就少了一些生动，少了一些精气神。就像一座山，没有树林，没有花草，没有鸟群，山就是一座死山。村庄也一样，如果没有树，没有鸟，没有猪马牛羊，没有鸡鸭鹅，就不可能构建美丽祥和的生存环境。

父亲最后的日子，总是坐在院子里晒太阳，他时常仰着脸，瞪着一双空洞的眼睛，在寻找什么。我有一次问父亲看什么，父亲说："人不来看我，鸟也不来了，那么多的麻雀，哪里去了？"父亲病重期间，格外的寂寞，他自幼热爱戏曲，唱了一辈子戏，结识了很多唱戏的朋友。可他的那些朋友，却很少来看他。父亲是多么希望他的朋友来陪他说说话，可是没有。没有朋友的日子，父亲就看麻雀，看飞来飞去的麻雀。父亲是那么的孤独，一种与生俱来的孤独。孤独的父亲，只能期望飞来一群麻雀陪伴他。

麻雀就在院子里飞来飞去，就在房前屋后的树上鸣叫。父亲不是不知道，父亲说麻雀，其实是说人。父亲戏唱得好，在我们家乡很有点名气。他为人厚道，在我的记忆里，父亲没有跟人争吵过，甚至没有大声说过话。我知道，父亲对麻雀的责怪，其实是对人情淡薄、世态炎凉的一种抱怨。

1983年的深秋，父亲孤独地离开人世。在父亲临终的前几天，他一会儿说姜某某来看他，一会儿又说杨某某来看他。听见院子里麻雀叫，父亲说，是不是有人来看他，惊了麻雀。后来，父亲说听到猫头鹰的叫声，猫头鹰在叫他。此前的两天，确实有猫头鹰蹲在我家房后的黄楝树上鸣叫。在乡村，有一种说法："夜猫子进宅，灾事到来。"父亲说："该来的都来了，我该走了。"其实，该来的很多没来，这只是父亲的幻觉，或者是父亲的自我安慰。

在我的记忆里，1983年的深秋，父亲临终的那天，成群的麻雀在我家的房前屋后鸣叫。也许，它们是在为我父亲送行。也许，麻雀是留恋我家院子里的谷粒。那一年，因为父亲生病招待客人，不停地在院子里晒粮食，打米磨面。

但我觉得，不管是麻雀为父亲送行，还是偷窥我家院子里的粮食，这都不重要。重要的是人与麻雀相比，麻雀比人有情。毕竟，人与麻雀共居许多年。

二

麻雀是古典的。最早的麻雀，是从《诗经》里飞出来的，带着一串鸣响，扑扑楞楞射向天空。然后，它们飘落在乡村的茅草房和长满绿叶的树枝上，叽叽喳喳地叫。再然后，轻轻地飘落在农家的院子里，在尘土里，寻找一粒农人遗落的谷粒。

《诗经》里说："谁谓雀无角，何以穿我屋?"说的是麻雀绕屋而飞的景象。在《诗经》里，我只知道这短短的两句，是关于麻雀的。在远古的时候，麻雀似乎不受文人的待见，一部《诗经》，对于麻雀的描述，少之又少。但再想，一部《诗经》，能提到麻雀，足以说明麻雀的知名度之高。

小小的麻雀，灰不溜秋的麻雀，形不惊人，貌不压人，声不迷人。与百灵比，它没有婉转的歌喉；与黄鹂比，它没有艳丽的羽毛；与鹦鹉比，它学不会说话。它能走进《诗经》，该是多大的造化？虽然麻雀没有先天的资源优势，但是麻雀，它有着别的鸟没有的风骨，麻雀性烈、高傲，不食嗟来之食。宁可撞死，也不愿活在笼子里。因此，麻雀很难养活。所以说，麻雀，它是鸟中的精灵，是鸟之魂。

看看麻雀的名字你就知道，麻雀，它是多么的具有广泛的知名度。麻雀是雀科雀属的鸟类，又叫树麻雀，俗名霍雀、瓦雀、琉雀、家雀、老家贼、只只、嘉宾、照夜、麻谷、南麻雀、禾雀、宾雀，亦叫北国鸟。在伏牛山，麻雀又叫作“小虫”“虫儿”。一种鸟，有这么多的艺名，就是现在国际巨星，也未必能与之相比。

我比较喜欢“老家贼”这样的俗名。所谓家贼，大多指儿女偷了父母的钱物。人们把麻雀当作家贼，无形之中，把麻雀当作了自家人，当作了自家的儿女。此一点，足以看出麻雀在乡村人心中的位置。

家雀，这个称谓，我也喜欢。农人把麻雀是视为家养的雀，又有几种鸟能享受如此殊荣？麻雀是唯一的吧！在伏牛山区，20世纪七八十年代的乡村，在茅草房、瓦房、木屋的房顶上，瓦缝里、檩子上、屋檐下，随处可见麻雀的身影。很多时候，麻雀像燕子一样，在农家的屋里飞来飞去，然后飞到院子里。你看麻雀，你就觉得，那些小小的生灵，就是你自家养的。

每年冬天，下雪的日子，母亲早晨开门的第一件事，就是抓一把碎米，或是一把谷粒撒在雪地上。雪天撒一把谷粒，成了母亲的习惯，很多年如此。那时我少不更事，对母亲在雪地撒谷粒感到不解。母亲说：“人要吃饭，鸟也要吃饭。一只鸟，也是性命。”

我常在下雪的日子，看到麻雀在院子里一蹦一跳，不时用尖尖的喙，在雪地里啄来啄去，偶尔仰起头，吞下一粒遗落的谷粒或者是残渣剩饭。有时也用细细的腿，扒拉雪地里的柴草，希望找到一粒草籽。

我后来才明白，母亲撒一把碎米或者谷粒，是把那些雀儿当作自家人对待的。这似乎是平常之举，但却饱含着一种怜爱。也许在乡村，很可能每家每户都会在雪天，在院子里撒下一把谷粒。乡村人的善良，其实就是一把谷粒。再也许，我们的先辈，就是用这种方式，把对鸟雀的爱，一代又一代传递下来，形成了一种古老的习俗。

我没有考究过，这样的习俗，是不是我们的先辈留传下来的。但答案似乎不容置疑。是的，在乡村，人们对麻雀的爱，是一种朴素的情怀。这样的爱，是古典的爱；这样的情怀，是古典的情怀。

我们不应该怀疑，我们对这个世界里所有生灵的热爱。

三

文人也爱麻雀，其爱尤深。在唐宋诗词中，麻雀也常常被诗人们吟咏。在中国花鸟画中，麻雀一直是主角。

我在这里不说唐诗宋词里的麻雀，也不说元明清民国诗歌里的麻雀，历代诗歌里，麻雀入诗，数不胜数。我想说一个画家，他的画与麻雀有关，与动物有关。在我眼里，他是真正的画家。

北宋画家崔白，生不得志，生活颠沛流离，生活在民间。正是因为他生活在社会的底层，他的作品，也多是以民间动物为主题。他所画的雀、蝉、鹅被世人称作“三绝”。

崔白关于麻雀的画作，在他的作品中，占有一定的数量。他画的《寒雀图》，是这样一幅画面：一个隆冬的黄昏，一群麻雀在古木上安栖入寐。画中的麻雀，有的憩息安眠，有的姗姗来迟，还有的似动非动，鸟雀的灵动在向背、俯仰、正侧、伸缩、飞栖、宿鸣中被表现得惟妙惟肖。树干在形骨轻秀的鸟雀衬托下，显得格外浑穆恬澹，苍寒野逸。

看崔白的画，我就想，作为草根的崔白是幸运的。正是他生活在民间，使他有更多的机会观察生活在乡村、山野、田间的小动物。如果他生活在都市，住在豪华的官邸里，他就不可能画出这些栩栩如生、活灵活现的小动物。没有他的乡村生活，也许世上就没有了《寒雀图》《双喜图》等传世名画。如此看来，漂泊不定的生活，于崔白而言，是一种幸运。

清代文人郑板桥也爱雀鸟。郑板桥对雀鸟的爱，既不在他的书画里，也不在他的诗词里。在郑板桥大量的书画、诗词作品里，没有麻雀的影子，但是这并不影响郑板桥对雀鸟的热爱。

他在《十六通家书》末有“书后又一纸”里说：“欲养鸟莫如多种树，使绕屋数百株，扶疏茂密，为鸟国鸟家，将旦时睡梦初醒，尚辗转在被，听一片啁啾，如《云门》《咸池》之奏……”郑板桥说的鸟国鸟家，当然就是绿树掩映的乡村农家。听一片啁啾，毫无疑问，是麻雀的啼鸣。这里还有一层意思，养鸟不如种树，有树就有鸟。

郑板桥爱鸟雀，他爱的不是笼中鸟，是生活在大自然中自由自在的鸟。郑板桥的爱，是大爱，是智慧的爱。

宦海沉浮，在历经十二年的官员生涯后，一贫如洗的郑板桥回到了他的老家，靠卖书画为生。我不知道，郑板桥回到家乡兴化后，他居住的房前屋后是否种满了树，但三五绿柳、一片翠竹，还是有的；竹园里，飞来飞去的麻雀，还是有的。我的单位就有一片竹园，上面总会落满麻雀，清晨起，一片啁啾。

当一群麻雀从我们头顶掠过，一片清脆的啁啾声在天空中回旋，这样的天籁之音又有谁不喜欢呢？清晨，一阵啁啾之声响起，又有谁能拒绝这美妙的歌唱呢？是的，我们喜欢这些小精灵带给我们的快乐。

我老家的房屋，就在山坡下，房前屋后生长着槐树、黄楝、桐树、枣树等各色杂树，我家的房子，被根深叶茂的树木包围着。每到夏天，从远处看，你根本看不到房子，只有一片树林。成群的麻雀，就蹲在树枝上，没完没了地鸣叫。我的家，其实就是麻雀的家。

我现在居住的阳台上摆满了吊兰、兰花等花草，阳光明媚的日子，总会有三三两两的麻雀光顾。它们在花草间蹦蹦跳跳，不时洒下欢快的鸟鸣声。每当此时，儿子就轻手轻脚地走近阳台，生怕惊飞了麻雀。可每次走近阳台，麻雀总是受惊而飞。儿子总是沮丧地说：“麻雀飞走了，麻雀飞走了。”我问儿子：“喜欢麻雀吗？”他说：“喜欢。啾啾——喳喳——唧唧，叫得可好听呢！”一个幼稚的孩童，他对某一种事物的热爱，是发自内心的。

这样的场景是多么的美妙啊！遗憾的是，我不会画画。如果我会作画，画一幅《百雀图》或者是《麻雀戏兰图》，怕是也要成为传世之作。不会作画的人，尚且如此。那么，麻雀入诗入画，也在情理之中。

四

我在春天，回到家乡。这是2015年5月。

此刻，阳光灿烂，白云飘荡。我站在家乡的山坡上，眼前的山坡光秃秃的，除了开着黄花的花生，就是丛生的野草。山坡上，看不到一棵树。这里曾经长满了茂密的松树，但在20世纪90年代开荒造地时，所有的树，还有树下的栗毛都被砍伐，留下的只有眼前长着花生和杂草的梯田。

山坡上，没有了树，麻雀也难得一见。还有曾经生活在这里的鸟们，它们都离我们远去。天空上，偶尔飞过的云雀，留下一串“嘀嘀呖呖”的鸣叫声。我茫然地看着眼前的花生地，心中不免落寞。终于，有几只麻雀落在田埂上，它们迈着缓慢的步子，在寻找着什么。一粒草籽？一条虫子？或者是失去的家园？

吃过早饭，我出门时母亲问我：“去哪里？”我说：“去山坡上转转。”母亲说：“山坡上除了花生，啥也没有，光秃秃的，鸟不拉屎，有啥好看的。”

确实没啥好看的。

曾经，山坡上一片的绿，绿得炫目。成片的松树一棵挨着一棵，郁郁葱葱；成群的鸟，在树枝间跳跃。没有松树的地方，长满了栗毛。这个时候正是养蚕的时节，黄澄澄的柞蚕，爬满了栗毛，有的正在吐丝结茧。三三两两的布谷鸟，盯着黄澄澄的柞蚕，在天空上鸣叫，看准时机猎食。

母亲说山坡光秃秃的。其实，村庄不也是光秃秃的吗？到处是楼房、平房，钢筋水泥堆砌的建筑，冷冰冰的。村里守着房子的，几乎都是老人、妇女、儿童，面孔既熟悉又陌生。那些熟悉的，年轻力壮的人，他们带着梦想，走进了城市，把房子和土地留给了他们的父母妻儿。曾经喧闹的村庄，冷清清的，让人窒息。

走在村庄里，甚至听不到一声鸟叫。钢筋水泥构建的房子，把不该消失的和应该消失的都弄得无影无踪。原来房前屋后的树，因为扩建房屋，被砍伐一空。原来的土墙，墙洞里都是麻雀的窝，现在的楼房、平房，已没有了墙洞，麻雀无法筑巢。原来的麻雀，飞起来一大群，落地上一大片，叽叽喳喳惹人烦。可现在，再也看不到听不见，村庄一片死寂。

村庄已不像村庄，如果把村庄的房子有序地排列起来，村庄更像是城镇。最早的村庄，是一片林子，里面长着杨树、柳树、槐树、桃树、梨树、枣树，开花的不开花的，结果的不结果的，花红柳绿；最早的村庄，是凌乱的草房、瓦房，低矮的茅屋，飞檐走壁的瓦房，青瓦走脊的草房，各色建筑，应有尽有；最早的村庄，是鸟的家园，麻雀、喜鹊、黄鹂、燕子，在村庄里飞来飞去，把沉寂的村庄唤醒。

此时，我心中的那个由人、树、鸟和炊烟构建的村庄，在几十年的飞速发展中灰飞烟灭，只有凌乱的记忆，复原我原初的记忆。

画眉：*百啭千声随意移*

一

“此曲只应天上有，人间难得几回闻”，说的是画眉。画眉的叫声洪亮、圆润、清脆，极具气势。在鸟类中，不多见。

画眉棕色的羽毛，光滑紧实，身体修长，眼睑圆形，眼圈白色，眼边各有一条白羽，匀称地由前向后延伸，呈蛾眉状。于是，它叫画眉。

画眉的叫声与其他鸟类的区别，不仅仅是声音高亢激昂，婉转多变，而且长时间持续不断。快叫时，激越奔放，似珠落玉盘；慢叫时，如行云流水，令人荡气回肠，叹为观止。因此，有人称它为“林中歌手”或“鸟类歌唱家”。

我总觉得，画眉这样的名字，这样的声音，这样的眉眼，它一定与女人有关。

画　眉

是的，它与一个叫西施的女子有关。西施，越国的美人，生活在诸暨苎萝村浣纱溪畔。天生丽质，说的是她；闭月羞花之貌，沉鱼落雁之容，说的也是她。

春秋时期，吴国灭亡，为避免被越王勾践迫害，范蠡与西施隐居德清蠡山石桥。西施爱美，每天清晨，她就来到小溪边，以水为镜，照镜画眉。两条弯弯的细眉，像两弯月牙，纤腰配细眉，千媚百娇，楚楚动人。

又是一个清晨，西施来到溪边，两只黄褐色的小鸟，来到溪边，围在她的身边歌唱。鸟们看到西施在溪边画眉，画得清秀好看，就相互用尖喙为对方画眉。居然，它们画出了一道美丽的白眉。

后来，每当西施画眉时，小鸟就跟着西施画眉。范蠡看到西施画眉时，身边有小鸟陪伴，便问西施："这是什么鸟？长得这么好看，叫得这么好听。"西施笑着说："你没看到，我画眉，它们也画眉，就叫它'画眉'吧！"

西施之前，画眉鸟叫什么名字，不得而知。但我想，它一定有个很好听的名字。或者它没有名字，就是一只美丽的鸟。想想西施画眉，总觉得少了些什么，应该是范蠡为西施画眉，鸟们看到范蠡为西施画眉的情景，就仿而效之。

再想想西施，一个江南水乡的女子，窈窕身姿，杨柳细腰。清瘦的脸，明亮的眼，丰满的胸。这样的身材，这样的眉眼，范蠡为西施画眉，画的一定是柳叶眉。能为佳人画眉，应该是一种幸福吧！可惜，佳人在哪里？

把画眉比作女子，还真有一比。养鸟的人，是不是也把画眉当作女子一样养着？我没养过画眉鸟，我不知道。但我想，养画眉的人一定对它千娇百宠。

养鸟人，如果不把画眉当小女子一样养着的人，一定不是一个好的养鸟人。

其实再好的养鸟人，把鸟圈在笼子里，也不如让它们在大自然里自由地生活，快乐地歌唱。也许养鸟人未必这样想，因为，人类占有的欲望是无穷尽的。

欧阳修写过一首《画眉》：“百啭千声随意移，山花红紫树高低。始知锁向金笼听，不及林间自在啼。”他在诗里给我们描绘了这样一幅画面：来到树林里，满山的山花，姹紫嫣红，画眉鸟在树丛中肆意地蹦蹦跳跳，随心所欲地婉转歌唱，是多么悠扬动听。如果把它们圈在笼子里，鸟笼再好，也唱不出这样美妙的歌声。

自由自在的生活，人们需要，鸟也需要。

听画眉的鸣叫，只有走进大山，才有自由和快乐的歌声。

二

我站在伏牛山上，听鸟鸣。我认为，大山里的画眉，它们的叫声与众不同。

山上有很多鸟，百灵、杜鹃、黄鹂、斑鸠，白头翁。鸟声从四周传来，它们在林子里，有的藏在林子里，有的蹲在树梢上，有的站在石头上，有的飞在天空中。它们用声音，证明自己的存在。

突然我听到一种声音，脆响的那种：“叽啾——啾啾——叽溜，啾啾啾——叽溜溜——叽啾啾……”鸟鸣声随着风钻进我的耳朵。如此清脆的响声，唯有画眉。我顺着风的走向，看到两只画眉，蹲在一棵松树上，你一声我一声，像是在对话。

那两只鸟，色羽鲜润，光滑柔软，豆绿的眼，滴溜溜转，尾翅如剪。嗓音干净嘹亮，让人心荡神驰，勾魂摄魄。

画眉鸟，在我家的山野里已很难看到，通常只有在伏牛山深处才可以看到。早些年不是这样子，山野里，常常可以看到三三两两的画眉鸟，在林中鸣叫。20世纪90年代家乡开荒造梯田，满山的树被砍伐一空，很多鸟离开了家乡。

我每次进山，看到画眉，总是想，这画眉，就是我老家的画眉。其实，这山，也是我家乡的山，就离我家几十里远，就像一棵大树的根，这山是大树的根部，粗大，我老家的山坡是大树的根梢，细小。山坡太小了，留不住画眉，它就飞到大山里。

还有这种可能，画眉本来就是大山里的鸟，看到我们那里山清水秀，林子茂密，就飞到我的老家。后来，老家的山不清水也不秀就又飞回来了。但我不这么想，我看到画眉，总觉得它们就是我老家的那些画眉鸟，或者是它们的子孙。

我知道，这是我的画眉情结。其实画眉是没有家乡观念的，哪里适应生存，哪里就是它的家园。画眉的家乡，是美丽的大自然。

不管怎么说，画眉，我已多年不见；它们的歌唱，已多年没有听到过。今天，在伏牛山深处，听到画眉的鸣叫，我的心禁不住一阵阵悸动。

我问身边的文友，喜欢鸟叫吗？知道画眉鸟吗？他们说："喜欢，谁不喜欢呢！这鸟，花鸟市场多得是。"他们又说："鸟的叫声都差不多，唧唧啾啾的，偶尔听听，挺新鲜。听多了，也就烦了。再说，我们上山，也不是专程听画眉叫的。"

可我是，我就是来听鸟鸣的。随行的文友，他们是来挖兰草的。我没有告诉他们我是来听鸟鸣的，那会显得我多么高雅。在乡村在城市到处都有鸟的叫声，为听一声鸟叫，有必要跑到深山吗？这对于他们来说，是不可思议的事情。

可是，花鸟市场里的画眉，能叫出这么动听的声音吗？当然不能。在这空旷的大山里，一声画眉叫，十里可闻。你想不听也不行，风会把声音送到你的耳朵里，旋转着，钻进你的耳朵，鸟声撞击耳膜，有尖锐的痛感。

他们在找一棵兰草，或者几棵，再或者一片。他们找得很认真，低着头，瞪着眼，东瞅西看，在草丛中，在灌木丛中，在林子里，漫无目标地寻觅着。

画眉的叫声再次响起，叫得很热烈，持续的，经久不息。好像是其他的鸟惹恼了它们，一定要争个高低，一定要盖过其他的鸟们。它们就这么叫着，没完没了，震得松枝乱颤。

"兰草，这么多兰草！"我听见他们发出一声尖叫，叫声有点夸张。树上的两只画眉，似乎是受到了惊吓，突然收着声音，呼扇着翅膀射向天空。

三

最早的画眉叫黄鸟，就是现在也有叫画眉为黄鸟的。画眉后来成为画眉，始于黄鸟效仿西施画眉，被西施命名为画眉鸟。但此为传说，没有史料佐证。

画眉最早出现在文字里，是在南朝《乐府诗·吴歌·子夜四时歌七十五首》中呼出了画眉的名字："新燕弄初调，杜鹃竞晨鸣。画眉忘注（同住）口，游步散春情。"画眉，它终于千呼万唤始出来。到了宋代，欧阳修的一首《画眉鸟》，让画眉名扬大江南北。

我家乡是否也把画眉叫黄鸟，不得而知。在我家乡，画眉是不多见的，很多人对画眉并不熟悉。画眉并不是你想看到就能看到的，它胆小畏人，人一旦接近，就会受惊而逃。它们不但怕人，而且也畏惧其他鸟类的攻击，行踪较为隐蔽，多在树枝上鸣叫。所以有人说，听其声易，见其鸟难。

我在家乡见到画眉时，也没有感觉到它们怎么胆小，只要不是靠得太近，它就不会飞走。它们蹲在树枝上，仰着头，身子直立，不停地叫。偶尔，还会看看你，然后继续鸣叫。

我小时候想养画眉，在山坡上找过画眉的巢，但一直没有找到。我现在还在想，画眉是不是不在我的家乡筑巢、生儿育女。记得也找到过一些筑在树上的鸟巢，但不知道是不是画眉的巢。在我的记忆里，家乡的鸟，除了喜鹊、缠缠丝、喳喳鸡，它们的鸟巢是筑在树上的，好像没有其他的鸟把巢筑在树上或者是芦苇上的。我看到的鸟巢，显然不是这几种鸟的。我一直怀疑，画眉的巢，是不是筑在林子里很隐蔽的地方。

直到今天，我依然不知道画眉的巢到底是不是筑在树上。我看到的不知名的鸟巢，是不是画眉鸟的巢呢？养画眉，对于我只是一种梦想。

我家乡现在是没有画眉了，已经很多年我没有看到过了。就是南阳的花鸟市场，也很少看到画眉。

前几年，我在单位的林子里看到过画眉。单位在南阳白河边，西边是独山，就是中国四大名玉——独玉的产地。独山现在的植被保护完好，山上到处都是树，郁郁葱葱，站在山下，看不到一块石头，除了树还是树，一片的绿。

单位原来被一片桃园包围着，前边是桃园；后边是桃园；右边是桃园，再向右，是独山；东边是白河。近千亩桃园。环绕四周，环境十分优美。经常有成群的鸟，在附近的林子里飞来飞去。

现在南阳李宁体育园建在这里，大部分桃园被砍伐，修成了宽阔的马路和林立的楼房。只有单位院子前后，还有百十亩桃园，数十亩紫荆、桂花。鸟虽然没有过去多，但还有几十种鸟，整天叽叽喳喳。

一天晚饭后，我在桃园附近散步，听到有鸟鸣叫，格外动听。循声望去，像是画眉鸟，蹲在一棵桃树上不停地鸣叫。我很激动，想凑近看看，可刚一靠近那鸟就飞走了。究竟是不是画眉，没有看清，为此遗憾了好几天。

四

再次听到画眉的鸣叫，是2015年的春天。

那天，我和朋友在老家的河边散步，突然听到有鸟声传来，声音急促、凄厉。循声望去，在一片杨树林子里，扯着一张粘鸟的网。走过去。看到网上粘着几只鸟，两只八哥，一只斑鸠，一只黄鹂，还有一只是画眉。

两只八哥一动不动，走近看，已经死了。斑鸠耷拉着头，不再做挣扎，仍在喘息。黄鹂鸟还在鸣叫，有气无力的样子。画眉可能是刚刚撞到网上的，看到我们过来，呼扇着翅膀不停地扑棱，叫声尖利。

我们老家这里经常有人来粘鸟，主要是粘斑鸠，据说，一只斑鸠能卖到十几元。我回家乡，总能看到粘鸟的网，每次看到粘鸟的网，我总要把网扯下来，为此，还与粘鸟人发生过争执，差点动起手来。每次看到误撞到网上的鸟，心里就不是滋味。

我和朋友扯下鸟网，掏出随身携带的小剪子，帮鸟剪网线。那只斑鸠被网线缠着翅膀，救下来时，看看也没伤到皮肉。放到地上，走了几步，就停了下来，然后"咕咕"几声飞走了。黄鹂鸟缠着了腿，剪下网线，在地上溜达了一阵，就飞到树枝上，"滴沥滴沥"地叫。画眉也是缠着了腿，帮它剪网线时，它瞪着惊恐的眼睛望着我，不停地挣扎。剪下它腿上的网线，还没等我查看是否有伤，它就挣脱了，飞到树枝上。

看到三只小鸟都无大碍，我们长出了一口气。只是那两只八哥，躺在地上再也没有飞起来。看了，心里不免有点难受。

我和朋友刚走出杨树林，就听到一阵"叽啾——啾啾——叽溜，啾啾啾——叽溜溜——叽啾啾"的鸣叫声，一阵接着一阵，时而高亢时而低沉，清脆悦耳，持续了大概一分多钟。

朋友说："画眉鸟也通人性，它用叫声为我们送行呢！"我说："也许是感恩吧！"

我相信，画眉鸟是在感激我们救了它，无以为报，只能以歌声与我们道别。或者，它的鸣叫是在说："谢谢你！谢谢你！"

遗憾的是，很多人不知道，鸟是有感情的，是通人性的。

黄鹂：*自在娇莺恰恰啼*

一

很多年来，我一直认为，黄鹂是生活在我家乡最美的鸟。它一身丽羽，雍容华贵，它是雀鸟中的皇后。也只有皇后，才配穿一身亮丽的黄。因为黄色，是地位的象征。

黄鹂，它的华贵，不惹尘埃。大树是它的宫殿，树枝是它的舞台，它在舞台上载歌载舞，它的舞姿和袅娜腰肢更温柔，鹧鸪飞起春罗袖，羽翼飞舞断魂流水；它的歌声，低昂有致，千啭百回，一如“大弦嘈嘈如急雨，小弦切切如私语。嘈嘈切切错杂弹，大珠小珠落玉盘”。黄鹂，是大自然的舞者，是大自然的歌唱家。

黄鹂，代表着忠贞的爱情，是它们，把爱情演绎得唯美浪漫。在山林里，它们成双成对，穿梭在绿树丛中，形影不离。成年的黄鹂鸟，如果被人捕获，就拒绝进食，为情而亡。因此，黄鹂又被人们称

黄　鹂

为“情侣鸟”。它们在树梢上筑巢，夫唱妇随，养儿育女，终老一生。它们虽高贵，但却过着平民一样的生活，远离俗世，清高孤傲。

黄鹂，它从远古走来，历经多少个春秋岁月，风雪雨霜，我不得而知。我只知道，历代的文人墨客对它宠爱有加，反复吟咏。杜甫、白居易、王维、韦应物、晏殊、杜牧等留下了许多不朽的诗篇。

认识它们的时候，我已是一个青春少年。

在北方，黄鹂似乎是不多的。我童年时代，喜欢鸟，家乡的很多鸟，我基本都认识。唯有黄鹂，却难得一见。家乡处伏牛山余脉，由大山而浅山，由浅山而丘陵。到了我们家乡，就成了伏牛山的孙子辈山坡了。黄鹂鸟可能是嫌我们那里山低树稀，缺少气势和灵气，迟迟不肯光顾。

那一年，我童年的玩伴、一个叫蕾的小姑娘来到了我的家乡。蕾穿一身黄色连衣裙，黄得艳丽，这样的衣裙，也只有生活在城镇的姑娘才能穿，乡下的女孩儿是穿不起的。一个灰头土脸的农村少年，带着一个光鲜靓丽的小姑娘，行走在山坡上，那一袭的黄，迎来了人们好奇的目光；那一袭黄，让山野里的鸟停下了歌唱；那一袭黄，惊呆了一对鸟，洒下了一串清脆的鸣叫："唧唧啾啾——唧唧啾啾……"一阵接一阵，一波接一波，经久不息。

前面的松树林里，两只小鸟，一身金黄，蹲在树枝上，不停地鸣叫。看到那两只鸟，蕾很兴奋，大声说："黄鹂鸟，黄鹂鸟！"

那年我十六岁，我看到了黄鹂鸟。它的黄，像皇帝身上的龙袍，代表着皇权、尊贵、辉煌、崇高和光明；它的黄，像皇后身上的凤冠霞帔，代表着天德、端庄、典雅、华贵、智慧。这黄色，是自然的色彩，青春的色彩。

我突然觉得，一袭黄色衣裙的蕾，是那么的娇小可爱，笑靥如花的脸，清纯明净的大眼睛，黄莺出谷的声音，多么像一只美丽的黄鹂鸟。也许，蕾的前世，就是一只美丽的黄鹂。

是的，蕾是一只娇媚的黄鹂鸟，也只有蕾，能把这尊贵的黄鹂鸟，带到这片贫瘠的土地上。因为蕾，她是黄鹂羽化的精灵。

1978年的夏天，因为一个女孩儿，我与一只黄鹂鸟不期而遇。

也许，那次初遇，注定我与黄鹂鸟结下不解之缘。三十多年后，我不止一次坐在电脑边，轻击键盘，倾诉我对黄鹂鸟的爱。

二

那天，春光明媚，两只黄鹂在翠绿的柳树间婉转地歌唱。这时，一队整齐的白鹭冲向蔚蓝的天空。我坐在草堂的窗前，看见西岭上堆积着终年不化的积雪，门前，停泊着东吴远行而来的船只。

场景里的人不是我，我与坐在草堂里的人，相隔遥远。我看到的景象，活在一页泛黄的诗集里，这是杜甫的《绝句》："两个黄鹂鸣翠柳，一行白鹭上青天。窗含西岭千秋雪，门泊东吴万里船。"诗中所描绘的场景，早已定格在一千多年前的唐朝。

那时的杜甫，历经"安史之乱"，生活漂泊不定。当他看到树梢上鸣唱的黄鹂，自由飞翔的白鹭，窗前的积雪，停泊的小船，他知道，交通已经恢复，战争即将结束。此时，听到黄鹂的鸣叫，睹物生情，突然勾起了思乡之情。

杜甫是爱黄鹂的，在他的诗中，有很多关于黄鹂的诗句，他把对黄鹂的爱，倾注在纸上，装在心中。一个一生郁郁不得志，穷愁潦倒的诗人，却对黄鹂鸟情有独钟。对于杜甫来说，黄鹂鸟是一种精神寄托。

向往大自然，向往自由的生活，是人们的天性。杜甫也爱莺声，他在《斗莺》一诗中写道："哑咤人家小女儿，半啼半歇隔花枝。"他把花枝后面鸣叫的黄莺，比成妙龄少女的歌声。后来比喻少女美妙的声音为"莺声燕语"，大概源于杜甫的诗句吧！

像黄鹂一样娇小玲珑的蕾，有着黄鹂一样的声音。也许，一千三百年前，在唐朝的天空上，有一只飞翔的黄鹂，那就是蕾。那时的蕾，是一只黄鹂鸟，有一天蹲在一棵开满梨花的树枝上鸣叫，被杜甫看到，于是就有了这首《斗莺》。

在我的记忆中，蕾是不擅长唱歌的，我们在一起的时候，从未听到过她唱歌，倒是听过她朗诵了自己的诗歌。蕾朗诵诗歌时，一只手拿着诗稿，另一只手不停地比画着，很专注，很忘情，旁若无人。蕾朗诵诗歌的声音，像黄鹂的鸣叫一样，清脆悦耳。

我记得我给蕾起过一个名字："黄鹂。"

可蕾却说："我就叫蕾吧！花蕾，美好的青春，等待绽放。蕾，就是花啊！花蕾，倾尽一生，只为那瞬间的绽放和绚丽。"

我后来参军，在云南保山服役。部队军营后边是山，山上是树林和茶园，常有黄鹂鸟在树枝上蹦蹦跳跳，唧唧啾啾地鸣叫。每次看到黄鹂鸟，我就想起家乡山坡上的百灵、云雀、斑鸠和鹌鹑；想起鸟，就想起和蕾第一次看黄鹂的情景，心中总有一种莫名的冲动——回家。

可我知道，我是军人，尽管我那时只有十八岁。但我知道，只要穿上那身绿军装，不管有天大的事，你只有服从。因为，服从是军人的天职。

军营是铁打的，但兵却像流水一样，一波涌着一波，一浪推着一浪。我最终还是回到了家乡。可我与蕾，只是彼此生命中的过客，不可能走到一起。因为，一个生活在城镇，如花似玉，家境富足；另一个生活在乡村，一贫如洗。在那个年代，城乡之间的差别，像一条鸿沟，无法逾越。

美丽的蕾，那朵含苞待放的花蕾，最终没能为我绽放和绚丽。

她像一只美丽的黄鹂鸟，飞越山坡，向着蔚蓝的天空，消失在我的视线里。留给我的，只是最初的那一袭艳黄。

三

那个时节，月季花正开。

记得是五月，刚过端午节，那天我在院子里看书。一串雀鸣，几声狗吠。蕾推着自行车，走进院子。蕾那时高中刚毕业，在家闲着，看看书，写写诗。烦闷时，从小镇来到乡村，看山看水，看花看草。乡村，于蕾而言，极具诱惑。

我带蕾看花。西河边老赵家种着蔷薇，黄的、白的、红的，色彩斑斓，开得正浓。

乡村人家，面朝小河，依山而居。老赵家在村上算得上小康人家，儿子在县城工作，年前刚娶了媳妇，有文化，水灵灵的。乡村人，也爱美，院子里种满了花花草草。最显眼的，是月季，一溜十几棵。院内，还种着牡丹、鸢尾花、凤仙花、紫藤花，开得红红火火，热热闹闹。

还没到老赵家，便远远看见赵家的新媳妇正在院子里摆弄花草。门前的石榴树上，蹲着几只麻雀，叽叽喳喳地叫着，跳来跳去。一群黑翅膀上布满白色斑点的蝴蝶，在花丛中翩翩飞舞。

正要进院子，突然传来一阵“唧唧啾啾”的鸟鸣声，清脆悦耳。蕾说：“是黄鹂”，我抬起头，茫然四顾，哪里有黄鹂的影子？蕾走近我，轻声说：“靠近墙角的那棵蔷薇，在树枝间几朵黄色的蔷薇花下，有两只黄鹂。”顺着蕾的指引，真的看到两只黄鹂鸟，蹲在蔷薇花的枝条上，仰头鸣叫。

少妇。黄鹂。蝴蝶。农家小院。我突然觉得，这场景，似曾相识。可我想不起来在哪里见过，是在某年某月某一农家小院，还是在梦境里？

但记忆是那么的清晰，似乎在告诉我，记忆里的场景，不是眼前的农家小院，像老赵家种满花草的农家院，在乡村是不多见的。也不是梦境，梦的片段，是不会如此清晰。

我突然想起，这样的场景，应该是我的河南老乡、文学先贤杜甫在一首诗里描绘的。

是的，是杜甫在《江畔独步寻花》一诗中的场景。相隔一千三百多年，当年诗里描绘的景象，再次出现在我的眼前。

“黄四娘家花满蹊，千朵万朵压枝低。留连戏蝶时时舞，自在娇莺恰恰啼。”黄四娘家的鲜花遮住了庭前小路，花儿千朵万朵，沉甸甸的，把枝条都压弯了。流连不舍的蝴蝶在百花丛中游戏飞舞，安闲自得的黄莺，似乎是欢迎我的到来而传出一串娇啼。

黄四娘——赵家媳妇；鲜花——月季、牡丹；蝴蝶——蝴蝶。黄鹂鸟——黄鹂鸟。乡村生活的再现，这并不稀奇。几百年上千年，乡村就是这样，周而复始。温馨、祥和、闲适、和平的家园，始终如一。

杜甫笔下温馨的乡村生活，在他那个时代并不多见。连年的战乱，山河破碎风飘絮。因此，在杜甫的诗中，更多的是忧伤。杜甫写出这样温馨的诗作告诉我们，那一刻，家园是祥和的，生活是美好的。是的，黄鹂鸟是不可能在弥漫的硝烟中，在一片喊杀声中发出欢快的鸣叫的。

谁又能说不是呢？也许，黄鹂鸟的出现，是一种和平的象征。

我想起了十六岁那年，我和蕾与黄鹂的初遇。那时，“文革”刚刚结束，中国正在改革开放。农村发生着翻天覆地的变化，正逐步走向富裕。

四

总是想起杜甫，想起他的诗，想起他诗中的黄鹂。在唐代诗人中，杜甫的诗中多有黄鹂的影子，这与他所生活的时代背景有着密切的关联。思乡时的黄鹂，忧伤时的黄鹂，和平时的黄鹂。一只鸟，贯穿杜甫的一生。

其实，想起杜甫时，我也总是想起蕾。蕾和黄鹂，贯穿我生活的始终，也许是一生。但我知道，我是乡村的麻雀，生活在社会的底层。可蕾不是，她是美丽高贵的黄鹂。就像铁轨，是两条并行的轨道，始终无法相交。

我母亲也说："你们俩是不可能在一起的，她是燕子，寒冬来时，她要回到南方。你就像是咱家房檐下的麻雀，虽有翅膀，但飞不出这片天地。"`母亲没有文化，但对生活有着透彻的理解。是的，生活就是生活，很多事情你无法改变。

杜甫也是，他有一腔报国之心，但生活在乱世的他，怀才不遇，漂泊无定。在杜甫的《蜀相》一诗中，他感慨道："丞相祠堂何处寻，锦官城外柏森森。映阶碧草自春色，隔叶黄鹂空好音。三顾频烦天下计，两朝开济老臣心。出师未捷身先死，长使英雄泪满襟。"

面对映阶的碧草和婉转啼鸣的黄鹂，想起曾经雄才大略的蜀相，意绪黯然，心中升起无限的感伤和凄凉。身处乱世的杜甫，报国无门，功业未就，心中的郁闷和隐痛顿涌。此时此刻，再美的芳草，也只是应和季节漠然映阶，无所期盼；再动听的黄鹂啼啭，也失去应有的和谐和惬意!

唐代宗大历五年，臧玠在潭州作乱，杜甫逃往衡州，原本投奔舅舅的杜甫，在耒阳遭遇暴雨。无奈，杜甫由耒阳到郴州，逆流而上，但又遭遇洪水阻拦，只好改变行程，顺流而下折回到潭州。大历五年冬，贫病交加的杜甫，由潭州经往岳阳途中，在一条小船上凄然孤独离世，客死他乡。

我不知道，在经往岳阳的途中，沿江两岸是否有黄鹂的鸣啭。我想是有的，热爱黄鹂的杜甫，一定会听到沿江两岸不停鸣叫的黄鹂。被诗人热爱着的黄鹂，也一定会陪伴着诗人，用歌声送诗人最后一程。那一年的莺声，是诗人听到的最美的声音。

这就是命运，哪怕你才高八斗，哪怕你有满腔爱国之心，你却也无法改变命运。诗圣杜甫是，我等草民也是。

终于，在1986年的深秋，蕾像一只黄鹂，从我的视线里消失，飞向远方，嫁给了一个商人。记得临别的那天，蕾说：“我再也不写诗了，我写诗，给谁看给谁听呢?”是的，没有了倾诉的对象，诗，还有生命吗?

随后几年，我辗转在家乡的几个乡镇，最后走进县城，走进城市。离开家乡后，我很少回到家乡的山坡。因为，山坡已不是原来的山坡，树也不再是原来的树，鸟也不是原来的鸟，世事变迁，物是人非。

家乡的黄鹂鸟，是不是还在稀疏的树梢上飞舞?

五

我突然就有一种回家的冲动。很多年了，我每次回家，总是匆匆。匆匆地看看母亲，匆匆地和母亲说几句话，又匆匆地离开。那个我生活过二十几年的家，似乎和我越来越陌生，陌生得我不想多看几眼。

我知道，我回家，是因为母亲。可是，我因母亲回家，却不能因母亲而停下脚步。其实，也不是因为工作忙，也不是县城里的家事务繁杂；我甚至不知道，我为什么总是这样匆匆。也许，老家，已不再是我记忆里的老家。

是的。我记忆里的乡村，与我眼前的乡村有着很大的区别。曾经温馨的乡村，变得让我不敢相认。村庄里，少了些人声，少了些禽畜声，少了些鸟声。村庄，陌生而又孤独。除了家人，你甚至找不到一个可以说话的人。我总觉得，这不是我的乡村我的家。

我有时也去山坡上转转，山坡上什么也没有，松树、槐树、柿树、栗毛都没了；黄鼠狼、刺猬、狐狸也没有了影子，百灵、黄鹂、山麻雀、斑鸠、鹌鹑也不多见。山坡上，荒废的梯田长满荒草，刚栽种的树苗，在风中摇摆。山坡，一片寂静。

我想，我是不是因为匆匆，而忽略了我希望看到的东西。我不相信，成群的鸟，会在家乡的山坡上消失。

2015年秋天，我回到老家。去山坡前我问母亲："山坡上有没有鸟?"母亲说："有。"我说："我去转转。"

我决定去东山坡。东山坡还有一片松林，开荒造地时，因为坡是麻骨石，没有土层无法造地，这片林子就保留下来了。

还未走进松林，就传来一阵鸟鸣声。听了听，有麻雀、百灵，还有斑鸠。从林子北边转到林子南边，看到很多鸟，甚至还看到了不常见的白鹡鸰、灰背伯劳。但没有看到黄鹂鸟。走出松林，身后传来一阵，"唧唧啾啾"的鸣叫声，两只黄鹂，在松树的枝条上，悠闲地鸣叫。

那一刻，我突然觉得，这声音，是那么的亲切。

百灵：丽音雅韵迷人醉

一

翻阅《诗经》，看不到它的影子；唐诗宋词，鲜有提及。它是民间的歌者，也是四大名鸟之一，但是，它却走不进诗人的内心，可这并不重要，重要的是，它是人们公认的名鸟，上至达官显贵，下至平民百姓，都对它宠爱有加。它就是百灵鸟。

百灵鸟，娇小玲珑，背羽栗色，腹绒棕白，黑斑条纹胸，弯长的细眉，灰褐的喙，橘黄的爪，乌黑的眼。说不上华丽，却很可爱。

我与它相识，是在童年，在伏牛山的余脉，我家乡的山坡上。遗憾的是，有很多年，我不知道这种司空见惯的鸟就是百灵鸟。

在我们家乡的山坡上，有两种百灵鸟，一种是我们常见的百灵，它们生活在草原、沙漠、山野里；一种是凤头百灵，我最初认识的百灵鸟，就是凤头百灵。在我们家乡，人们称凤头百灵为“角角”。可

百 灵

能是因为它的头上长着一撮毛，像一只角的缘故吧！

在我二十岁之前，我就叫百灵鸟“角角”，有时候也叫一撮毛。我童年最大的爱好就是养鸟，养得最多的就是“角角”。理由很简单，“角角”的叫声优美动听。

其实也不是不知道“角角”就是百灵鸟，只是我们忽略了。村子里的石宏，有文化，据说是五六十年代的师范生，在县城里读了两年师范，后来回到家乡，原本是可以教学的，但因为家庭出身不好，闲在家里。他喜欢看书，知道很多我们不知道的事情。有一次看到我们抓“角角”，他对我们说：“这种鸟，还有一个很好听的名字——百灵。”我们听后，都捂着嘴笑。

村子里还有一个人，他也懂鸟，叫温玉奇，他家养有很多鸟。我曾经多次去他家，看他养的“角角”。记得他说过：“这鸟不叫‘角角’，叫百灵。”

在我们的想象里，百灵鸟应该是一种美丽的鸟。虽比不上凤凰，但一定是比黄鹂鸟好看，像“角角”这样普通的鸟，怎能是百灵鸟呢？

从此，生活在我们家乡的百灵，就一直被叫作“角角”。

现在，我把它的名字还给它——百灵。

百灵鸟能歌善舞，我觉得，用歌手来形容百灵鸟，似乎还不够，它应该是歌唱家。它的歌声清脆、响亮、婉转、悦耳；它的舞蹈，与歌声同步，一边唱一边舞动翅膀，跳起各种舞姿，仿佛美丽的蝴蝶翩翩起舞。歌声似天籁，舞蹈赛仙舞。

我在家乡时，每次听到它的鸣叫，总是仰着脸，寻找它们的身影，但总是失望。百灵鸟飞得很高，边飞边鸣，往往只闻其声，不见其踪。在山林里听鸟鸣，你听到的只有百灵的声音，似乎它的歌声盖过了百鸟。燕子黯然，停止了呢喃；麻雀羞愧，不再啁啾；喜鹊蹲在树梢，咽下了喳喳声；美丽的黄鹂，侧耳倾听。

我无法相信，歌声曾经倾倒无数人的百灵鸟，没有走进文人骚客的文字里。也许，在浩瀚的文字海洋里，由于我的疏忽而遗漏了。

我说过，这不重要。可我还是有点遗憾。就像我，曾经与百灵鸟近在咫尺，却不识百灵鸟一样。但我想，人生没有遗憾，又何来弥补？

今天，当我坐在电脑边，为一只鸟立传，这也算是弥补吧！

是的，是弥补。我的前辈先贤，留下的空白，我来填补。我知道，我没有能力来做这样一件沉重如山的事情。但是我，依然想为我喜欢的、热爱的、痴迷的百灵鸟留下一点笨拙的文字。虽然，我人微言轻。

当我写下这行文字时，时光定格在2015年12月30日。

二

“蓝蓝的天上白云飘，白云下面鸟儿叫。”在我的家乡，在晴朗的日子，一望无际的蓝天，飘荡着朵朵白云，辽阔湛蓝的苍穹，鸟儿在快乐地鸣叫。那嘀嘀溜溜的鸣叫声，此起彼伏，绵延不绝，演绎着甜美动听的旋律。那旋律，让白云舒展变幻，让原野空旷静谧，让树林停止摇摆。

在原野上，你时常会看到这样的景象：两只百灵在山坡上双双蹦跳起舞，那一定是一对夫妻鸟。它们张开翅膀，一边婉转地鸣叫，一边在地上翩翩起舞。唱到高兴时，两只鸟突然腾空而起，像一支利箭，射向天空，悬空鸣叫。一阵嘹亮的歌声之后，瞬间歌声骤停，收拢翅膀，自天空垂直坠落，正当你提溜着心为它们担心时，两只鸟画了个弧，再次射向天空，比翼齐飞，留下一串串快乐的鸣唱。

我喜欢在晴朗的日子走向山坡，仰着脸，看鸟群从蓝天掠过；喜欢躺在草地上，聆听鸟儿的鸣叫。在寂寞的乡村生活里，听鸟叫，是我最大的快乐。

是的，在没有电视，没有报纸，没有收音机，没有书刊的乡村，看鸟听鸟，是乡村少年最惬意的事情。没有经历过寂寞乡村生活的人，是不可能体会到乡村的那种孤独。很多时候，我们就是在山坡上度过，寻找百灵的鸟窝，然后等待，希望雏鸟慢慢长大，然后把小鸟抓回家，装在鸟笼里，每天看看，期盼着小鸟长大，发出美妙的鸣叫。

我那时养鸟，很少把它养活。温玉奇曾经对我说过，百灵鸟不好养，就是养活，也不一定能叫出好听的声音。上品的百灵鸟能叫七口，叫七口以上的百灵鸟，那叫绝品。他说的那些我们不懂，他不管我们懂不懂，只管说，说得两嘴白沫。

百灵鸟不但叫声动听，而且还擅长模仿，一只小鸟，能叫出很多不同动物的声音。不仅会模仿燕子、黄莺、麻雀、画眉、黄雀等鸟的鸣叫，还会学母鸡的咯咯声、鸭子的嘎嘎声、猫的喵喵声、狗的汪汪声，甚至还会学婴儿的啼哭。它学鸡叫，从雏鸡的叽叽声、母鸡唤小鸡的咕咕声、小鸡找不到母鸡的吱吱声、母鸡产蛋的咯咯声到雄鸡的喔喔啼叫声，合起来就成了一个“乐章”。优秀的百灵鸟还能把各种动物叫声连在一起，不停地鸣唱，仿佛是一支交响曲。百灵鸟模仿动物的声音，有学得像的，惟妙惟肖；也有学得不像的，不伦不类，令人啼笑皆非。

百灵模仿动物的声音，也是温玉奇说的。温玉奇有个嗜好，喜欢别人夸他养的鸟好，只要夸他的鸟，他就高兴。他一高兴，就没完没了地讲养鸟的经验和好处。有一年夏天去他家玩，看到他养的百灵活蹦乱跳，就夸了两句。他听了，高兴得眉飞色舞。他说："百灵鸟看着不咋好看，但这种鸟本事很大，能学很多动物的声音。"

我们很稀奇，就缠着温玉奇，听百灵模仿动物叫。他被我们缠得没办法，就带着我和几个半大小伙，蹲在山坡上听百灵鸟模仿动物的叫声。温玉奇这人，农活样样不精，但精通养鸟，模仿鸟鸣。我们趴在山坡上，温玉奇就开始学狗吠，学鸡叫，学麻雀，学黄鹂，学斑鸠。他趴在山坡上，把能学的都学了，也没有听到百灵鸟的声音。当然，也有不少收获，身上被蚊子咬了一身疙瘩。

没听到百灵模仿动物叫，我们见到温玉奇，就笑他瞎喷。再后来干脆就叫他"喷壶"。温玉奇"喷壶"的绰号就是我们送给他的。

现在想想，也够难为温玉奇的。想让百灵跟着你叫，百灵就跟着你叫，那怎么可能！再说，那天晚上，我们去的山坡有没有百灵，还真不难说。

我们后来再去温玉奇家，他看到我们，就很不耐烦，总是轰我们走。还说："小屁孩儿，啥也不懂，瞎搅和啥呢？"

再后来，我带着我的女友蕾去他家看鸟。蕾喜欢养鸟，看到他养的鸟，喜欢得不得了。他很高兴，送给蕾一只鹅黄色的虎皮鹦鹉。

他私下跟我说，以后你结婚，就当送你的礼金，到时候别忘了请我喝酒。当然，他没有喝到我与蕾结婚的喜酒。因为贫穷，因为很多说不清的无奈，蕾带着忧伤，把初恋埋葬。

三

我说过，我曾经养过一只百灵，就是“角角”。这大概是1979年春天，那年我十六岁，正值青春年少，贪玩好奇。此前，我也养过鸟，除了百灵，还养过灰斑鸠，这种鸟，叫声不太好听，但形体好，耐看。

我与这只百灵似乎很有缘分。那天我去山洼里摘豌豆，在豌豆地西边的白沙岭上，长着一棵酸枣树，我从酸枣树走过时，可能是惊动了它，它忽闪着翅膀奔向一墩栗毛，然后蜷缩在那里，瑟瑟发抖，我很容易就抓到了它。

这是一只即将出窝的百灵鸟，身上的绒毛已经褪去，只有头顶上还顶着一撮白色的绒毛，像一朵白色的雪绒花。也许三五天，它就可以跟着母亲在山坡上短距离地飞翔。可是它遇见了我，它的命运从此改变了。

我抓着它时，它惊恐地在我的手中挣扎，愤怒地用细小的爪子抓我的手。我把它放在手掌上，对着它吹了一声口哨，它就不动了，瞪着眼睛看着我，样子很乖，很温顺。我给它扎了一只鸟笼，用芭茅的秆，染成红绿黄三色，扎了一个像宫殿一般的鸟笼。每天喂给它肥胖鲜嫩的蚂蚱、小米，还有凉开水，像伺候皇后一样伺候着它。

成年后的百灵，并不像我想象的那样，鸣叫如天籁。它总是在鸟笼里扑腾，不想待在鸟笼里。偶尔叫一声，有气无力，大病初醒一般。

我后来才知道，养百灵鸟，并不是谁想养就能养的。养一只百灵并不容易。喂养、遛鸟、学口是一个漫长的过程。少年时代的我，对这些一窍不通，是不可能调教出一只能歌善舞的百灵鸟的。

百灵笼养，应该始于宋代，从王室到官宦，从富商到市井小民，都有养百灵的爱好。清末，是养鸟的鼎盛时期。当时，百灵的饲养，还划分为两个派别，北派和南派。北派对百灵的鸣叫有严格的要求，专养“净口百灵”。所谓“净口”就是规定百灵只许叫十三个片段，通称“十三套”。十三套有一定的次序，不得中间偷懒遗漏或胡乱重复。南派的绝技是绕笼飞鸣。高笼中设高台，百灵耸身登上高台，鼓翅而鸣，继而盘旋飞翔，蹁跹起舞。至于歌唱，则适性任情，爱叫什么叫什么。

说起“青口十三套”，有一个人不能不提。他就是北京大名鼎鼎的“百灵张”张福兴。他养的百灵，曾为电影画面中的百灵配音。据说，他养百灵，师从清皇宫养鸟把式刘阶平，学到一手驯养百灵的绝活。

最绝的一手，是指挥百灵鸟唱歌。他指挥百灵唱歌，只用一根竹签，捅一下笼中的百灵，那鸟就乖乖地跳上笼中的凤凰台，开口就唱“青口十三套”套曲：“麻雀闹林，喜鹊鸣春，小燕春归，喜中三元，画眉献技，雄鸡司晨，母鸡抱蛋，莺鸣翠柳，猫狗同乐，小车赶集，牛马上路，布谷催耕，金榜题名。”鸣唱起伏有致，令人荡气回肠。唱罢十三套，“百灵张”的竹签再一捅，百灵瞬间停止鸣唱，令人叫绝。

养百灵，鸟笼也十分讲究。百灵的笼子，十分精美和奢侈。有的鸟笼呈八角形，配有青花双耳食罐、粪叉、顶棚、钩子，笼门透雕，图案精美。还有的鸟笼，高可等身，雕刻镶嵌，十分精美，价值高达千百金。因鸟笼太高，遛鸟时，多雇用两人，杠穿笼钩，肩抬行走。当然，能用得起如此昂贵的鸟笼，多是达官贵人和商贾，平民百姓是用不起的。

不管是“北派”的“十三套”，还是南派的绕笼飞鸣，也不管你的鸟笼华贵精美，囚鸟于笼中，终不及让鸟儿在蓝天白云下自由翱翔，自由歌唱的好。

“竹林七贤”之一的阮籍，在《咏怀诗》二十四中写道：“愿为云间鸟，千里一哀鸣。三芝延瀛洲，远游可长生。”思想被禁锢与身体被禁锢，是多么无奈和痛苦。于是，隐居山林的阮籍大声地呼喊："我多么想变成云间快乐的百灵鸟，飞翔千里，尽情唱出婉转的歌声，到苍茫的瀛洲采摘奇异的灵芝草，远离纷繁嘈杂的尘世，安享冰清玉洁的人生。"

遗憾的是，阮籍不仅思想被禁锢，就连肉体也随之烟消云散。景元四年，既不愿同流合污，又缺少在政治上向司马氏集团挑战的阮籍，遭钟会诬陷被斩首。一代文星，划破苍穹缓缓陨落。

自由，不管是对人还是动物，都是一样的重要。我养的那只百灵鸟，最终被我放飞大自然。当我听到它飞上天空，留下的一串鸣叫声时，我突然感到浑身轻松。

四

据说，百灵鸟是草原的图腾；据说，百灵鸟是吉祥的象征；据说，百灵鸟寓意着和平和安康；据说，成吉思汗的出生和登基做皇帝与百灵鸟有关。

史料记载，在蒙古族中，曾流传一种说法，成吉思汗登基之前，一天，一只五彩百灵从天而降，停留在一块巨石之上，高声鸣叫“成吉思、成吉思……”鸣叫到第三天时，巨石突然迸裂，王室玉玺从巨石中显露出来。人们相信，这只五彩百灵来自天堂，成吉思汗是上天之子下凡人间。从此，一代天骄开创了大元王朝。

百灵鸟与成吉思汗登基做皇帝是否有关，不得而知。但草原盛产百灵是公认的。可以说，草原是百灵的故乡。

我曾于2012年秋天去过内蒙古，在广袤无垠的大草原上，不时有百灵鸟鸣叫着从蓝天飞过。在草原行走，随时可以看到在草丛中觅食的百灵鸟。草原百灵似乎很胆小，你只要靠近它们，它们感觉受到威胁，就飞起来，但它们不会飞很远，落到离你稍远的草地上，继续觅食。

我家乡伏牛山区，也是百灵出没的地方。但家乡的百灵似乎胆子更大一些，它们总是在山坡、草地里悠闲地溜达。很多时候，它们喜欢在乡村的道路上觅食，对来来往往的农人，视而不见，这似乎与生存环境有关。家乡人对百灵鸟始终心存敬畏，很少伤害它们。而草原近年来大量捕猎百灵鸟，很多百灵鸟被关进笼子，运往外地贩卖。因此，生性大方的百灵鸟，慢慢地疏远了人类，这不能不说是一种遗憾。

在希拉穆仁大草原，我们曾经看到数百只百灵鸟，集群觅食，飞起来一大群，落地一大片，形成一个庞大的百灵部落，蔚为壮观。

元代蒙古族（一说回族）诗人萨都剌在《题白翎鸟》一诗中写道：

凄凄幽雀双白翎，飞飞只傍乌桓城。平沙无树巢弗营，雌雄为乐相和鸣。

君不见——

旧日轻盈舞紫燕，鸳鸯锁老昭阳殿。风暄芍药春可怜，露冷芙蓉秋莫怨。

在古时候，百灵也叫白翎，据说，现在还有人叫百灵为白翎。萨都剌的诗中，诗人对百灵的生态环境、生活习性等做了精彩、生动的描述。同时，尽情地赞美了草原百灵鸟雌雄和鸣、共度春秋的快乐生活。读此诗时，不自而然就会想起蓝天白云之上，百灵双双飞翔，它们悬挂在天空，高唱爱情之歌。

其实，在北方，在我的家乡，百灵鸟也深受人们的喜爱，大家都想尽一切办法保护百灵鸟。我小时候喜欢养鸟，常在山坡上抓幼鸟带回家养。母亲总是说，抓燕子会得红眼病，抓角角鸟（百灵鸟）头上长角，抓了喜鹊，要遭灾。乡村人教育孩子的方法，总是用善意的谎言来警示孩子的行为。

现在，百灵鸟依然生活在我们的家乡。走上山野，它们优美的歌声划过天空、树林，响彻云霄。

喜鹊：日暖风轻言语软

一

乡村总是躁动的，即便春天寂静的季节，生命的旋律也从不停歇。鸟在春天，是乡村的歌手。最初的鸟声，是麻雀，站在初绿的枝头，“啾啾”地叫着。在麻雀的鸣叫声中，树的枝头长出了嫩绿的叶片。“麻衣鹊”似乎是受到了感染，飞上枝头，大声鸣叫，它们的声音，盖过麻雀，滑过树的叶片，响彻大地。

“喳——喳喳——喳喳——喳喳喳喳”，叫得脆响，树枝晃晃悠悠，声音传入耳膜。当人们听见喜鹊的鸣叫，脸上花一样绽出笑容。没有人拒绝喜鹊的歌唱，在乡村人看来，这是喜庆的歌声、吉祥的歌声。

在乡村，喜鹊是吉祥鸟、平安鸟。民谚有“喜鹊叫，喜事到”之说。乡村人长期与鸟相处，接触较多，对鸟的形体、色泽、脾性十分了解，对鸟类产生了不同的情感。比如《禽经》中说的喜鹊“仰鸣则

喜　鹊

阴，俯鸣则雨，人闻其声则喜”；宋代欧阳修赋诗赞道：“鲜鲜毛羽耀明辉，红粉墙头绿树林；日暖风轻言语软，应将喜报主人知。”说的都是喜鹊报喜。

在乡间，关于喜鹊的传说人人皆知。牛郎与织女的故事影响了多少代人，谁也无法说清。七月七天河相会，喜鹊搭的鹊桥，曾经让我们在月明星稀的夜晚，仰望星空，寻寻觅觅。葡萄架下，少男少女，侧耳倾听，牛郎与织女的呢喃，总在梦里萦绕。很多年过去，天上的鹊桥至今没有看到，只留下一个梦。

鹊桥是没有看到，但喜鹊却时常出现在我们的视野里。它们三五成群，出没在山坡上、林子里、村庄及庄稼地。我们小时候看它，总是带着朝圣者的目光。甚至觉得，那黑色的头与尾巴，白色的颈与腹，色彩的搭配，是那么完美。喜鹊，在我们的少年，带来的总是神秘。

少年时期，对于神秘的东西，总想一探究竟。喜鹊我们只能远远地观望，但它们的巢，还是触手可及的。往往是在喜鹊不在巢里时，我们爬上大树，观赏它们的巢，看那淡蓝绿色、布有浅褐或紫褐色斑点的鸟蛋，甚至摸摸毛茸茸的雏鸟，从而满足我们的好奇心。

喜鹊的窝巢非常考究，用枯树枝纵横交叉搭建而成，呈球形状。有顶盖，外层为枯树枝，内层为细的枝条和泥土，垫有麻、纤维、草根、羽毛等柔软物质。老鹊喜欢自己的旧巢，新鹊则营造新巢，繁衍后代。

二

不知你看到没有，鸟会流泪。反正我看到过，那是一只喜鹊，一滴泪水从它的眼角缓缓流下，那情景，绝对让人心颤。每当我想起喜鹊的泪水，心就一阵阵刺疼。

那年我在乡下，一个懵懂少年，在乡村里游逛。很多时候，我无事可做，于是爱上了养鸟。在这之前，我养过一只角角，我们一起度过一年的美好时光。遗憾的是，那只角角突然弃我而去，这让我很长时间郁郁寡欢，日子过得异常沉闷。

我有一个伙伴，他叫小坡，和我一样，喜欢养鸟。他知道我因为那只角角苦闷，就想帮我弄一只鸟养养。有一天，小坡找到我，对我说："表哥，想不想养一只大鸟？"我很高兴，说："想呀，可上哪里弄大鸟呢？"小坡说："西沟有个鸟窝，是大鸟，喜鹊。"

喜鹊我知道，是一种吉祥的鸟，刚到我们这里落户。在这以前，我是没有见过喜鹊的，村里人说，有很多年了喜鹊没到我们这里来。不知为什么，现在这种鸟又回来落户在我们村里。在乡村，人们对喜鹊怀有一种敬畏，认为喜鹊是吉祥鸟，在哪里落户，就意味着哪里平安和幸福。因此，没有人会捕捉喜鹊，也没有人养过喜鹊。

捉喜鹊并不是一件容易的事，这种鸟个头大，不像角角、麻雀个头小，下一两个套就可以捉到。一个喜鹊，个头是麻雀的三五倍。而且喜鹊的窝一般都筑在树上，套一只喜鹊很费事。我和小坡商量，下五个套，连环套，只要喜鹊走进鸟窝，十有八九被套着。

做套也是一件难事，以往套角角、麻雀等小鸟，用的都是牛尾。现在套喜鹊，怕牛尾不结实，需要用马尾。马尾不好找，我们村里，只有石家有一匹马，那匹马很娇嫩，经常拴在院子里，石家的老人照看着。更难的是石家的院子有条狗，很厉害。我们两个长这么大，进过石家大院也就两三次。

我和小坡做的第一件事，就是对付狗。我们对付狗的手法，是从小偷那里借鉴来的，就是用酒泡馍，再用猪油抹在馍上喂狗。用酒泡馍，办法很灵，那狗见馍，很快就吞了下去，一会儿工夫就醉倒了。石家的老人，我们叫大爷大奶，两人都喜欢抽烟叶子，小坡跟两位老人熟一些，偷他父亲一把兰花烟，给老人抽烟叶。我溜到后院，拔了一撮马尾，我们两人很高兴，笑吃吃地跑了。

我和小坡做了五个套，怕单股不结实，都做成双股的。到了西沟，两只喜鹊都在树上，一只在窝里，一只在鸟窝边的树枝上。树不是很高，小坡噌噌就爬了上去，还没接近鸟窝，两只喜鹊就飞过来，在小坡的头顶呼扇着翅膀，飞来飞去，那架势很吓人。小坡折了根树枝赶喜鹊，看见小坡手里有树枝，两只鸟不敢近身，在树的上空盘旋。小坡见鸟不敢近身，就爬到鸟窝边，刚准备下套，两只喜鹊突然飞起，直奔小坡，一翅膀扇下来，小坡一惊，从树上掉了下来，摔得半晌没爬起来。

一般来说，鸟是怕人的，见了人远远地躲着，鸟袭击人的事还不多见。喜鹊袭击人，只有一种可能，就是鸟窝里孵出了小鸟。鸟是动物，与所有动物一样，爱护自己的子女，一旦遭到外来者的入侵，都会以死相拼。这就是父爱和母爱的伟大。

正如猜测的那样，小坡告诉我，那个鸟窝里，有三只小鸟。我看着龇牙咧嘴的小坡说：“走，回家。”小坡说：“不套麻衣鹊了吗？”我说："回家，不套了。"小坡说："你恁喜欢养鸟，怎么就不套了，我那跟头不是白摔啦!"我对小坡说："你看没看到，那两只喜鹊，它们在看护窝里的小鸟，怎么下套?"其实，我还真有点犹豫，那几只小鸟如果没有了母亲，它们能活下去吗?

三

我最终没有经受住诱惑。我想抓一只老鸟，不是还有一只老鸟吗？这样一想，想养一只大鸟的愿望就占据了我的心。那点可怜的慈悲之心，顿时就消失得了无踪影。

第二天，我们两个早早地赶到西沟，和我们想的一样，那两只喜鹊出去觅食还未回来。小坡很利索地爬上树，把五个套下在喜鹊的窝边。小坡说："表哥，放心吧，只要喜鹊到窝边喂食，我敢说，一准被套着。要是把两只都套着，该有多好啊！"

小坡的心思我明白，他也想弄只喜鹊养养。可我知道，两只鸟只能套一只，一旦第一只被套着，第二只是绝对不会上当的。小坡的梦，怕是很难实现。再说，两只都套着了，小喜鹊谁养活？可我没有说，怕小坡心里不高兴。我对小坡说："回去吧，让大人们看见，喜鹊套不到不说，还要挨骂的。吃罢午饭，咱俩再来看看，套没套着。"

吃罢午饭，我们俩来到大树下，看到一只喜鹊蹲在窝边，我还以为没套着呢！那只喜鹊看见我们扇动一下翅膀，又不动了。小坡往上抛了一颗小石子，喜鹊扑棱了几下，又蹲在那里不动了。小坡笑着说："套着了。"然后爬到树上，把套解开，拿着那只喜鹊下来了。抱着那只喜鹊，我很高兴，多么漂亮的鸟啊！

我感觉我有点颤抖，大概是过于激动的缘故吧！那只喜鹊在我手中不停地"喳喳"着，声音有点喑哑。再看那只鸟时，我突然发现，可能是因为拼命挣扎，想摆脱马尾的束缚，喜鹊的腿上被马尾勒出了一道口子，往外渗血。喜鹊不停地叫唤着，我以为是疼痛的原因，便抱着喜鹊回家，准备给他包扎一下。谁知，当我离开大树时，那只喜鹊却拼命地朝着大树叫唤，我看了一眼喜鹊，突然，我看到了奇怪的一幕，那只喜鹊的眼里有细小的泪珠流下，一滴，两滴，三滴，我看到整整三滴泪水。喜鹊流泪，我从没看到过，也没听说过。那一刻，我的心颤了一下，我知道，喜鹊的泪水，是为那四只嗷嗷待哺的小喜鹊流下的。我那时就是这么想的。

就在这一瞬间，我做出了一个决定，我不再养鸟了。我对小坡说："我不想养这只喜鹊了。"小坡说："咋不养呢？好不容易套着一只麻衣鹊，说不养就不养了。你要是不养，我养！"我说："你也不能养，没有这只喜鹊，窝里的小喜鹊怎么活？"小坡很不高兴地说："养不养是你的事，要放你就放吧！"可我并没把那只喜鹊放飞，我抱着那只喜鹊，准备回家帮它包扎一下，然后放掉。

回到家里，我把喜鹊流泪的事告诉母亲，母亲听后，抬手就给我一巴掌。母亲说：“喜鹊是吉祥鸟，你们俩咋敢祸害喜鹊?”我摸着火辣辣的脸，没有吭声。我从屋里找出一瓶云南白药，倒了一些，撒在喜鹊的腿上，用白布包了，然后我和小坡来到大树下，把喜鹊放了。

放掉的喜鹊，在小坡和我的头顶“喳喳”地叫着，盘旋了几圈，才回到树上。回家我对母亲说了，母亲说，鸟和人一样，有灵性，通人性。喜鹊为啥在你们的头上旋了几圈，那是感恩！

很多年后，我一直在想，我那么喜欢养鸟，为什么把好不容易捉到的喜鹊放掉？是不是当我看到喜鹊的泪水，就想到我的母亲。我十三岁那年，因为家境贫寒，常常穿得破破烂烂，因为没钱，我在霜满大地的季节赤脚上学，双脚冻得乌紫发亮，流着脓水。母亲看到我的双脚，难过得流下了伤心的泪水。也许是的，也许不是。但有一点不能否认，是亲情，感化了我的心，让我义无反顾，放掉了那只喜鹊。

我曾经为我放掉一只喜鹊，自豪了很多年。就是今天，我仍然为我自己感到骄傲。

然而，由于经济利益的诱惑，人们大肆捕猎鸟类，我们家乡的天空上，那些曾经飞来飞去唱着优美的歌的鸟们，越来越少。面对人类无休止的捕杀，鸟们正在大批大批地消亡，有的甚至濒临灭绝。剩下的种群，因环境的恶劣，从它们生活几十年、上百年的家园里悲鸣着离去。我隐隐地听到，那些鸟的声音有点呜咽。鸟的泪水，似已流干。

鸟类，离我们越来越远。无法想象，没有鸟的世界，将是多么寂寞。

四

对于喜鹊，乡村人有着特殊的情感。在乡村，不但没人养喜鹊，更没有人猎杀喜鹊。乡村的孩子，总是顽皮，喜欢抓雀掏鸟蛋，但对喜鹊却始终不敢下手。那种对喜鹊的敬畏，来自于父辈教诲和乡间民俗。

乡村的女孩儿，对喜鹊更是情有独钟。怀春的姑娘，总会望着喜鹊若有所思。乡村女孩儿对喜鹊的钟爱，来自于一个美丽的传说。

很早以前，一个待嫁的姑娘，正在绣楼上“哭嫁”，突然听到一只鹊儿阵阵叫着从窗口飞过。姑娘走到窗口向花园望去。看到梅枝上有只从未见过的鸟儿，羽毛美丽，叫声悦耳，舞步轻盈。姑娘很高兴，取来剪刀和红纸，照着鹊儿和梅花的样子，很快便剪成了一幅窗花。家人来催姑娘上轿。姑娘却拿着刚剪好的窗花，自言自语道：“这是什么鸟……”快嘴的丫鬟忙说：“今日姑娘大喜，就叫它喜鹊吧！”姑娘到了婆婆家，婆婆见新媳妇的这幅“喜鹊登梅”的窗花，很喜欢，就照着画了，又加了只喜鹊，寓意成双成对，双喜临门。此后，每逢姑娘出嫁，总要剪些“喜鹊登梅”的图案，贴在嫁妆上，沿袭至今。

乡村的女人，对喜鹊的那种感情是与生俱来的。从她们做姑娘时的窗花，到婚嫁时的陪嫁物品，都与喜鹊有关。在乡村，看到有人伤害喜鹊，第一个站出来的，就是女人，她们大声地呵斥，絮絮叨叨诉说着喜鹊好，祸害喜鹊带来的厄运。可以说，女人，是喜鹊最忠诚的守护者。

在乡村，人们为什么对喜鹊由衷地热爱？也许是来自于淳朴的民风，也许是沿袭已久的民俗，也许是长久以来的和睦相处。似乎都是，似乎又不是，这是一种复杂的情感，无法说清。

其实，喜鹊是乡村的灵魂。没有喜鹊，乡村变得魂不守舍，大地充满着孤独、死寂。不仅是喜鹊，就是麻雀也一样。如果有一天，人们听不到麻雀的声音，也一定会感到孤独，思绪就会漂移不定，灵魂将无所依附。

很多事物，是相互依附的，缺一不可。就像人与喜鹊，就像大地与树。没有了树，大地就没生机，生命就会枯萎；没有喜鹊，听不到优美的歌唱，人就会孤寂。

我们不想孤寂，那从树梢上滑落的声音，是那么的美妙。我们的生活，不能没有这样的歌唱：“喳喳——喳喳——喳喳喳喳……”

乌鸦：独醒空和骚人咏

一

乌鸦是最丑的鸟，大家都这么认为。乌鸦的丑，丑在形体，黑色的羽毛，黑色的翅膀，黑色的爪子。一身的黑，嘴应该是红的或者浅黄的吧，可乌鸦很另类，嘴巴也是黑的。乌鸦的黑，造成了人们心理上的黑色阴影。

乌鸦全身发黑，似乎也可原谅。千不该万不该，连叫声也是喑哑的。“呀呀”的叫声，单调而枯燥。在空旷的山野里，乌鸦的叫声，给人一种莫名的恐怖感。听到乌鸦的鸣叫，联想到它黑色形体，厌恶的感觉，油然而生。

它的飞翔，应该是美的吧！可很遗憾，乌鸦飞起来也是那么凌乱，没有一点美感。不像大雁那样，排着整齐的雁阵，给人一种造型上、气势上的美感。飞都飞不好的乌鸦，怎么能让人看到它们的美。

乌　鸦

于是，人们说——乌鸦，乌合之众。

人们都说乌鸦不好，厌恶乌鸦，于是，乌鸦就成了丑的化身。这丑，是人们强加在乌鸦身上的。人们从对乌鸦的形体厌恶，联想到它们的喑哑鸣叫，从喑哑的鸣叫，联想到它们的飞翔，最终的结果是，黑色的身形，沙哑的嗓音，凌乱的飞翔，构成了乌鸦丑陋的形象。

这大概就是人们所说的偏见吧！偏见是指根据一定表象或虚假的信息相互做出判断，从而出现判断失误或判断本身与判断对象的真实情况不相符合现象。一种动机理论认为，偏见起源于群体间的竞争，是“群体资源或权力必然的结果”，另一种则认为偏见是一种人格障碍。为什么出现这样的结果，因为认知上的偏差会导致偏见的产生。

那么，对乌鸦的偏见，是不是我们认知上的偏差造成的？不言而喻。很多时候，偏见，是一种扼杀生灵的利器。

我们可不可以这样想，乌鸦黑色的羽毛，是一种厚重的颜色；它们的鸣叫，有着磁性的美和沧桑的美；它们飞翔的姿态，是一种自由的体现。如果这样理解，乌鸦，就由丑变成了美。美与丑，只在人们的意识里，我们不仅能从美里找到丑，也可以从丑里发现美。

其实，在唐代以前，乌鸦并不是现在的乌鸦。唐以前的乌鸦，是美的化身，是吉祥的象征，是智慧的体现。人们对乌鸦有着神的崇拜！

二

作为一种鸟，乌鸦在中国传统文化中，有着很重要的作用。在唐代以前，乌鸦在中国民俗文化中是有吉祥和预言作用的神鸟，有“乌鸦报喜，始有周兴”的传说，汉董仲舒在《春秋繁露·同类相动》中引《尚书传》：“周将兴时，有大赤乌衔谷之种而集王屋之上，武王喜，诸大夫皆喜。”

很多少数民族也把乌鸦看作神鸟。明末清初，乌鸦还是东北土著先民“满族”的民族喜神和保护神。清代文献《满洲实录》也记载：

"布库里雍顺数世后，其子孙暴虐，部署遂叛，于六月间将鄂多理攻破，尽杀其阖族子孙，内有一幼儿名樊察，脱身走至旷野，后兵追之，会有一神鹊栖儿头上，追兵谓人首无鹊栖之理，疑为枯木椿遂回，于是樊察得出，遂隐其身以终焉。满洲后世子孙，俱以鹊为神，故不加害。"东北山民进山打猎也有"扬肉洒酒，以祭乌鸦"传统。至清太宗专门在沈阳故宫清宁宫前设立"索伦杆"祭祀乌鸦，并在沈阳城西专辟一地喂饲乌鸦，不许伤害。清顺治帝入关后，亦在北京故宫内设立"索伦杆"，保持了人类对乌鸦的最高规格的崇拜。

乌鸦还被作为"孝鸟"，在民间广为流传。"乌鸦反哺，羔羊跪乳"是儒家以自然界的动物形象来教化人们"孝"和"礼"的一贯说法。李时珍的《本草纲目·禽·慈乌》中称："此乌初生，母哺六十日，长则反哺六十日，可谓慈孝矣。"在乡村，有句谚语：花喜鹊，尾巴长，娶了媳妇忘了娘。黑乌鸦，好心肠，长大不忘反哺娘。唐代大诗人白居易写下了《慈乌夜啼》，讴歌乌鸦反哺，针砭世态，抨击人间不孝者。

此诗很值得一读：

慈乌失其母，哑哑吐哀音。
昼夜不飞去，经年守故林。
夜夜夜半啼，闻者为沾襟。

声中如告诉，未尽反哺心。

百鸟岂无母，尔独哀怨深。

应是母慈重，使尔悲不任。

昔有吴起者，母殁丧不临。

嗟哉斯徒辈，其心不如禽。

慈乌复慈乌，鸟中之曾参。

乌鸦是不是孝鸟，有没有科学依据，不得而知。我们所说的乌鸦反哺，只是传说。但乌鸦是一种很聪明的鸟，似乎无可否认。比如乌鸦吃东西就有许多高招。它们捕鱼，让你感到不可思议。乌鸦捕鱼时，它们先把树叶扔到水中，当鱼儿游向树叶时，乌鸦乘机捕捉，几乎没有落空的时候，精准度很高。实际上，这就是对简单工具的一种利用。

乌鸦在吃一些比较坚硬的壳类食物时，通常会想一些办法，获取坚硬果实里的美味。比如捕食贝类，它们衔着贝类，飞到高高的树上，然后向下扔，一次不行，就再来一次。当然，乌鸦也用这种方法对付核桃，只不过核桃更为坚硬，要扔碎它可能要反复多次。乌鸦吃核桃，还会求助汽车的帮助。它们口中衔着一枚核桃，准确地放到汽车车轮的前面，核桃被汽车碾碎后，乌鸦眼急脚快，立刻飞到马路中间，开始了它们的核桃大餐。如此看来，乌鸦的大脑并不比我们人类差，我们能够想到的办法，乌鸦也能做到，而且做得轻松自如。

乌鸦的聪明，还在于它们能有效地利用劳动工具。乌鸦在对付树洞里的虫子时，便用细小的木棍，掏挖树洞中的虫子，每掏出一只虫子，就会麻利地吞进口中。乌鸦使用木棍的熟练程度，让人惊讶。如此看来，在自然界中，动物和人类两者之间的差异并不如我们想象的那样深如鸿沟。

在我们家乡，人们对乌鸦也怀有偏见，认为乌鸦是不祥之鸟。早上出门，如果看到乌鸦或是听到乌鸦鸣叫，就被视为不祥之兆，怀疑有祸事降临，心神不宁，提心吊胆。那些整天敏于忧患、示人以悲、讲话不中听的人，被讥讽为“乌鸦嘴”。而出门看见喜鹊，听到喜鹊的鸣叫，人们就十分高兴，认为是大吉大利，不论办事做生意，都很顺利。

也许是人们对乌鸦怀有偏见，反而在某种程度上保护了乌鸦。我在老家时常听大人说，不要招惹乌鸦，抓了乌鸦，会害眼的（一种红眼病）。为什么会害眼，谁也说不清。主要是吓唬小孩吧，让他们不要抓这种不吉利的鸟。在人们看来，不吉利的鸟，是不能招惹的。乌鸦是不吉利的鸟，当然是不能抓的，抓了乌鸦，会沾染上晦气。这种迷信，有时在某种程度上，也是对一种事物的保护。

乌鸦可以说是一种自由的鸟。它们可以在天空上自由地飞翔，没有人会打折它们飞翔的翅膀。它们不会被人们当作宠物圈在笼子里，供人欣赏。因为丑，甚至没人把乌鸦当作美味猎捕。乌鸦的天空，是晴朗的，作为一种人见人厌的鸟，它们是许多鸟类羡慕的对象。从这一点上来说，乌鸦是幸运的。

三

乌鸦是丑陋的，也许正因为丑陋才得以大量繁殖，种群不断壮大。凤凰是美丽的，但我们看不到了，它们美丽的形象，只能通过我们的想象，留存在我们的意识里；百灵的歌唱美丽动听，却很少能听到它们的声音，很多时候，百灵的歌唱只能在记忆里回荡；乌鸦是丑陋的，可它们还能在天空中自由的飞翔。当天空中只剩下了乌鸦，还有谁会说，乌鸦是丑陋的鸟呢？

美与丑，只是我们的感觉。我们怀念的每一种事物，都是美的，它们之所以美，是因为我们看不到了。而我们司空见惯的事物，总能找出它们的丑来。就像乌鸦，原本并不丑陋，但我们总要千方百计去找出它们的丑，然后鄙视它们。

可谁又知道，我们人类在动物的眼里，是美还是丑呢？

也许，当天空中没有乌鸦的时候，我们人类是不是也面临消失的可能。未来的世界，也许只有火球一样的太阳、荒芜的山梁、干涸的大地和人类的化石。这样的状况，还有谁能看到呢？

珍爱动物，其实就是珍惜我们的未来。

大苇莺：唤得落霞飞满天

一

清晨，沿着白河往上走，在一片草丛中，看到几只棕褐色的鸟飞来飞去，不停地跳跃，不时响起一阵刺耳的鸣叫。这叫声是那么熟悉，从记忆中一跃而出，它让我想起了家乡的芦苇园，想起了芦苇丛中，一种叫大苇莺的鸟。是的，这鸟，就是久违的大苇莺。

大苇莺，一种小型雀鸟，背部黄褐色，腹部淡棕褐色和乳白色，尾巴也呈褐色。整体看，大苇莺是很不起眼的小鸟，没有华丽的羽毛，没有婉转的鸣声。它在众多雀鸟中，极其普通，很难被人关注。

就是这种普通的鸟，它却留在了我的记忆中。很多年过去了，听到它们的叫声，我的记忆瞬间苏醒，一种叫大苇莺的鸟，便出现在我的眼前。甚至不用看一眼，就会想起它们的模样。大苇莺，它已在我的记忆里扎下了根。

大苇莺

对大苇莺的印象，来自它们的鸣叫声。这种鸟，叫声响亮刺耳。“叽——叽叽叽叽叽叽叽，叽——嘀嘀嘀嘀，叽——喳喳喳……”一连串的鸣叫声在天空中回荡，站在很远的地方，也能听到它们富有音韵的鸣叫。

大苇莺，不是你想见就能见到的鸟，山林里，你很难看到它们的身影；田野里，你难觅踪迹。大苇莺，它们是一种特殊的鸟，它们的生存空间，就在苇丛中，筑巢生活，生儿育女。偶尔，在近水的草丛中，在丘陵的灌木丛中，也能看到它们跳跃、鸣叫。但是，这样的机会并不多。

我与大苇莺的接触，是在少年时代，在家乡的苇园里。20世纪七八十年代，在我生活的老家有很多苇园，大的十几亩，小的三五亩。每片苇园下面都有一个堰潭，苇子就在二道堰里面生长；也或者是一条小河，靠近小河的滩涂地，也是苇子生长的地方。

能记得起的苇园有很多，南沟苇园、杏树沟苇园、东沟苇园、楝树沟苇园等十几个，每年夏天，我们一群小孩儿就到苇园里抓鱼摸虾。大多的苇园都靠近小河和堰潭，夏天下雨涨水，小河和堰潭里的鱼，顺水而上，游到苇子园，大水落后，鱼就留在苇园里，我们就沿着苇子园里的排水沟抓鱼。或者是捉鸟偷割苇子，捉鸟捉的就是大苇莺，然后割点苇子，回去扎鸟笼。虽说苇子扎的鸟笼不结实，但外观好看一点。因此，除了用芭毛秆扎鸟笼外，就是用苇子扎鸟笼。

很多时候，我们无所事事，就坐在苇子园，仰着脸看天，一边看天上的白云，看天上飞过的鸟，看在地里摆弄庄稼的人，一边听大苇莺没完没了地鸣叫，听烦了，捡一块石头轰鸟，看着鸟“叽叽喳喳”惊飞而去，然后哈哈大笑。

苇园、大苇莺盛满了我们童年和少年时代快乐的笑声。多少年过去了，那笑声至今依然在天空飘荡。

二

我喜欢在记忆里搜寻，寻找一片苇园，寻找一种名叫大苇莺的鸟，和与鸟有关的人和事。那些蛰伏在岁月深处的时光片段，随着记忆慢慢苏醒，画面渐次展开。

在南沟的那片苇园里，一个少年和一个女孩儿的身影，越来越清晰。那个少年，留着长发，脸庞清瘦，但眉眼间透着俊秀；那个女孩儿，扎着马尾辫，杏眼柳眉，面若桃花。那个少年是我，女孩儿叫蕾，一个小镇上的姑娘，自小在舅舅家长大。我们是童年的玩伴。在那片苇园里，我与蕾，度过了一段美好时光。

最初去南沟苇园，并不是去抓鸟，是去抓鱼，给蕾改善生活。蕾是邻居的亲戚，时常来串亲戚，慢慢就玩熟了。那个年代，生活清苦，没有肉类，也没有蛋类，甚至连新鲜的蔬菜也吃不到。于是，抓鱼摸虾，成了我们改善生活的唯一途径。

南沟苇园，紧连着小河，小河通着大河，夏季汛期，大河里的鱼迎着浑浊的河水逆流而上。山里的水来得迅猛，落得急速，游进小河的鱼，因水位下降，有的游进了稻田，有的游进了堰潭，还有的游进了苇园。南沟的苇园，就成了鱼的集聚地，鲫鱼、鲤鱼、鲶鱼、白条，种类众多，在苇子园的排水沟里游来游去。

第一次走进苇园，蕾就被“叽叽喳喳”鸟叫声吸引，走进苇园，蕾四下张望，很快，蕾就找到了悬挂在苇丛上的鸟巢。但那时鸟正产卵，没有幼鸟，蕾有点失望。蕾对我说：“给我捉一只鸟吧!”

蕾的意思是想要一只成年鸟，但我知道，成年的大苇莺并不好抓。我回去后，弄了几个马尾套，固定在大苇莺的鸟巢边，但几次都没成功。我下的鸟套，都被大苇莺成功地解套。第一次发现，大苇莺是一种狡猾的鸟。

鸟是没有抓到，但捉了不少鱼，大都是三四两重的鲫鱼。鲤鱼、白条和其他鱼，游速较快且机灵，还没摸到它们，就迅速地跑掉了。只有鲫鱼，笨头笨脑的，藏在水草丛中，一摸一个准。还抓了不少泥鳅，泥鳅是在苇园上边的泥沟里，把水排干，用手把泥翻开，泥鳅就出来了，一条条捡起来，丢到水桶里，很省事。

蕾是个奇怪的姑娘，不吃鲫鱼，喜欢吃泥鳅。她喜欢油炸的泥鳅，炸得焦黄焦黄，她从泥鳅的头部吃，吃得一点不剩，连泥鳅的脊骨都吃了下去。她吃泥鳅的样子很可爱，提着泥鳅的尾部，放到嘴里，吃速很快，只是一瞬，那泥鳅就不见了踪影。然后再提起一条泥鳅继续吃，一次能吃一二十条，吃得满嘴都是油。

在我的印象里，蕾是完美的。我从她的身上，找不到一丝的缺点。唯独她吃泥鳅的样子，有点不雅。

没有抓到鸟，蕾有点不甘心，她回去的时候对我说：“我过几天再来，到时候你一定帮我抓一只大苇莺。”我知道蕾会来的，对她来说，这里就是她的家，她从小就在舅舅家长大，来一趟舅舅家，如吃家常便饭。

三

夏天，天有点热，这个时节，刚割罢麦，正在插秧。大人们都在忙农活时我去了南沟苇园。这个苇园一直牵着我的心，抓不到成年的鸟，抓一只雏鸟，哄哄蕾开心，是我当时的想法。

蕾也许很快就会来的，如果蕾来了，我没有捉到一只大苇莺，也没给蕾找到一只小鸟，她会不高兴的。我不想蕾不高兴，蕾不高兴，我也会不高兴的。

苇园很大，十几亩地，苇丛萋萋，铺青叠翠，稠密的芦苇，密不透风。我在苇丛里穿梭，寻找大苇莺的巢。找到了几个鸟巢，里面还是鸟蛋。鸟蛋椭圆形，光滑圆溜，有的是绿白色，有的是蓝绿色，蛋壳上布满褐色或橄榄褐色斑点，也有黑灰色或灰色小斑点。蕾要的是小鸟，不是鸟蛋。终于，在靠山坡的一片苇丛里，我找到了一个鸟巢，里面四只小鸟，看到我，张着小嘴“唧唧”地叫。

大苇莺的巢，算不得精致，但筑得很结实，看似是挂在三两棵苇丛上，吊在半空，玄玄乎乎的。任凭苇丛随风摇摆，小小的鸟巢十分牢固，像用胶水粘在那里，从不脱落，甚至连一根草茎也不会飘落。

鸟巢呈杯状，主要由芦苇叶、枯草茎、草叶、花梗、植物纤维及蜘蛛网丝编织而成。巢内垫有干草叶、细草茎、须根等，里面掺杂着一些鸟的羽毛。看着鸟巢里张着嘴的小鸟，我想摸摸这些可爱的小鸟，但刚伸出手，我又缩了回去，我怕把鸟巢弄乱，也怕在小鸟的身上留下什么气息。鸟是很灵性的，一旦有人动了它们的巢，很有可能会弃之而去。

大苇莺是一种警惕性很高的鸟，它们遇到危险时，用爪子紧紧地抓着芦苇，紧贴在芦苇秆上，在芦苇叶的遮掩下，一动不动。也许，此时的大苇莺，正躲在苇丛里注视着我。我扒开芦苇，向四周看看，并没有发现大苇莺的影子。

鸟巢里的小鸟，还在傻乎乎张着嘴等着我给它们喂食。我走出苇园，在一片草地上抓了几只蚂蚱，每只鸟嘴里放了一只小蚂蚱，它们仰起脖子，很快把蚂蚱吞了下去，然后又仰起头，张着嘴。我知道不能再喂它们了，吃多了难以消化，弄不好会撑死。我拍了拍手，分开苇丛，走出苇园。

刚走出苇园，身后就传来一阵“叽叽喳喳”的鸟叫声，几只大苇莺在苇丛上忽闪着翅膀，在苇丛上不停地跳来跳去，鸣叫不息。这鸟很奇怪，叫一会儿就变换着位置，然后再叫。虽然叫声带有嗓音，有点刺耳，但仔细听，还是很动听。也难怪，蕾看见它就喜欢上了。

天越来越热，但我却没有感觉。走在回家的路上，想着蕾走进苇园，看到小鸟欢喜的样子，我的心就凉爽爽的。

四

刚插罢秧，蕾就来了。蕾见我就问抓到大苇莺没有？我带蕾去了南沟芦苇园。

还未进苇园，就听见一阵接一阵的鸣叫声。这个时候，正是大苇莺繁殖的季节，大多的时间，大苇莺就蹲在山坡上，或者潜藏在苇丛中，一旦有人接近苇园，就大声地鸣叫，叫声尖厉。这叫声，其实是在警告人们，不要靠近苇园，那里是它们的家。

我和蕾刚走近靠山坡的那片苇丛，就看到两只大苇莺扑棱棱飞向山坡，然后蹲在一棵松树上，注视着那片苇丛。我捡了一块坷垃，扔了过去，大苇莺忽闪了两下翅膀，依然蹲在松树上，盯着我们。

我们走进苇丛，身后就传来了急促的鸣叫声。走近鸟巢，几只小鸟还像上次那样“唧唧”地叫着，张着嘴巴讨食吃。几天工夫，小鸟就褪了绒毛。蕾笑笑说：“小鸟很可爱，见人傻乎乎地要吃食。”鸟巢里四只鸟，蕾挑了两只，准备带走。我说：“挑只大点儿的回去，小鸟不好养。”蕾有点舍不得，但想了想，就拿了一只大点儿的鸟。

走出苇园，两只鸟就跟在我们身后鸣叫。我对蕾说：“好像大苇莺发现我们拿走了它们的子女，撵着我们叫。”蕾说：“是呢，叫声像是在哭。”我说：“这鸟也不咋好看，要不就放回去吧！”蕾说：“好不容易抓到一只小鸟，放回去再上哪里抓？”

走过小河，上山坡时，两只鸟飞到我们头顶，紧跟着我们，叫得撕心裂肺。蕾走着走着就站住了。蕾说：“我越看越觉得这鸟不好看，黄不拉唧的，没看相。叫声也不好听，哭啼啼的，晦气。我不想养了，还是放回去吧。”

我们顺着原路折回去，把小鸟放回到鸟巢里。从苇园出来，蕾眼睛红红的，不时回头张望。我知道，不是鸟不好看，是蕾心地善良，不愿看到小鸟与父母分离。

回去的路上，蕾对我说：“我们去抓鱼吧！”我说：“好，抓鱼去。”

五

白河边的那几只大苇莺，早已飞去，消失得无影无踪。只有风，吹着河水，荡起一波又一波的浪。

鸟飞走了，我的记忆随之中断。关于苇园，关于大苇莺，关于蕾，那些久远的往事，瞬间潜藏在记忆深处。

家乡的苇子，在20世纪80年代中期，被缺少土地的乡亲们连根挖出，苇园被开垦成一块一块的土地，秋天种小麦，春天插水稻，种出了一片碧绿，种出了一片金黄。

没有了苇园，大苇莺就没有了家园。于是，它们鸣叫着离开了曾经生活过的土地，从故土出发，寻找新的家园。在以后的很多年，我再也没有看到大苇莺，直到今天。

蕾中学毕业上了高中，高中毕业考大学落榜，然后嫁人，离开了小镇，走进了城市。我与蕾的初恋，随着蕾的嫁人，夭折于一个落霞满天的黄昏。此后，我再也没有见过蕾。

关于一只鸟的记忆，仅此而已。

相思鸟：*魂梦共渡同心桥*

一

我站在岁月的风中，向你传递一个关于鸟的故事，或者是与鸟有关的爱情故事。

我被这个故事深深触疼，一种尖锐的疼痛，在周身弥漫。爱情，不仅仅是花前月下，白头偕老；爱情，原来是悲愁，是无尽的相思。即使化作一对鸟，也不能双栖双飞。

这个故事的主题，就是相思。相思，究竟是什么，我说不清，我只知道，相思的滋味是无法言表的。我想，相思应该是鱼玄机的“忆君心似西江水，日夜东流无歇时”；是晏殊的“天涯地角有穷时，只有相思无尽处”；是苏武的“生当复来归，死当长相思”。

我的讲述，应该回到很遥远很遥远的时代。故事发生在一个山乡小镇，一个嫌贫爱富的员外，员外才貌双全的女儿和一个贫穷的书生

相思鸟

演绎的一场生死绝恋。

很多很多年前，有一个叫翠儿的姑娘，虽生活在乡村，却饱读诗书，颇具文采。一日，翠儿外出散心，见一书生正在吟诗，便放慢脚步，仔细聆听。书生吟道："孤身一人空飘零，每日独品月泣凌。只知天上宫阙乐，哪晓心间自悲情。"翠儿听后便随口应道："百花丛中独争艳，花艳无人赏花颜。唯有愁心寄明月，不知与谁吐真言？"

吟诗答对之后，书生和翠儿已是情投意合，两人默默注视着，千古奇缘一瞬间产生。那书生自与翠儿相见之后，被翠儿的才貌深深打动，便求媒婆前来说媒，员外嫌弃书生无官无钱，拒绝了求婚。书生不甘心，就到翠儿家打杂。从此以后，翠儿和书生便偷偷相见，翠儿抚琴，书生吟诗。二人情真意切，蜜意浓浓。

但翠儿父亲却把翠儿许配给宰相的儿子，并择日完婚。被逼无奈，翠儿只好跟父亲说明真相。员外听后大怒，用乱棍将书生赶了出去。不久，翠儿大病，无药可医。为了挽救女儿，翠儿父亲答应他们的婚事，并资助书生赶考，不管是否金榜题名，都同意他们成婚。

书生赶考途中，被翠儿父亲派人弄瞎了眼睛。从此，书生流浪在外，乞讨为生。在好心人的帮助下，书生活了下来。为了与翠儿相见，书生一路打听，摸索着回到了翠儿的家乡，他只有一个愿望，回到翠儿身边。

翠儿终于知道，书生被父亲所害。就在与宰相儿子成婚的当天，翠儿疯了。人们知道有两个人，一瞎一疯，他们口中都不停地吟诵着爱情的诗篇。两个相爱的人，同在一个小镇，却没能走到一起。终于，在天寒地冻的雪夜里，疯子翠儿和瞎子书生冻饿而死，化作了两只鸟，终日鸣叫，呼唤着寻找自己的爱人，诉说心中的思恋。

这两只鸟，就是相思鸟。

相思鸟，嘴鲜红色，上体橄榄绿色，胸黄色或橙色，腹部乳黄色。那绿和红，是翠儿的锦缎；那黄和橙，是书生的布衣；那鲜红的嘴，是鲜血染成。

也许是上天不忍人世间太多的分离，就把相爱的鸟，用一根红线牵在一起。后来的相思鸟，不再是悲戚的鸣叫，而是双栖双飞，唱着爱情的歌。

我们今天看到的相思鸟，都是成双成对，十分恩爱。

二

少年时代，对于一种鸟的记忆，总是留在伏牛山下的一个小村庄，总是留在村西那片樱桃林。那片樱桃林，其实也就十来棵，靠着闻老三家的后院。树不是闻老三家的树，是生产队的，因为离闻老三家近，就委托闻老三管理。

每年农历四五月，是樱桃成熟季节。树上挂满了红丢丢的樱桃，晶莹透明，看一眼就流口水。那个年代，乡村的果树，基本上就是柿子、核桃、桃子、李子、杏子、枣子，但都不成规模，东家两棵柿子，西家两棵核桃，李家两棵杏，张家两棵桃。十几棵樱桃树在村子里，算得上一片果林了。樱桃成熟时，小伙伴们就趁闻老三不在家偷偷摸摸摘一把樱桃解解馋。

闻老三光棍一条，家住得又偏僻，每次摘樱桃前，先去闻老三家看看，只要人不在家，我们就可以美美吃上酸甜可口的樱桃了。

樱桃好吃，人喜欢吃，鸟也喜欢吃。每次去偷樱桃，总能看到有鸟在樱桃树上啄樱桃。看见鸟，我们就恨得牙根痒痒的，抓起石子就砸鸟，恨不得一下子把鸟砸死。

有一次摘樱桃，刚走近樱桃林，就听见“叽儿啾啾——叽儿啾啾”的鸟叫声。抬头看，是两只从未见过的鸟，红嘴绿羽，叫声清脆。这么美的小鸟，我们有点舍不得轰撵，一直看着两只鸟吃饱后飞走。

村子里的人说，那鸟叫“红嘴鸟”。但谁也不知道，“红嘴鸟”就是相思鸟，就算知道叫相思鸟，我们也不懂得相思的含义。后来我们去摘樱桃，隔三岔五，总能看到“红嘴鸟”在樱桃树上啄樱桃。

有一天去温玉奇家玩，想起“红嘴鸟”，就告诉温玉奇，我们看到一种很稀罕的鸟，红嘴绿背，很好看。温玉奇听我们说完，把我们带到他养鸟屋子里，指着笼子里的鸟说：“是不是这种鸟？”我们做梦也没想到，温玉奇还养有这种稀罕的鸟。温玉奇笑着说：“这鸟叫相思鸟，也叫红嘴鸟。”

本来是想在温玉奇面前卖弄一下，谁知道温玉奇就养着这种稀罕的“红嘴鸟”。温玉奇还告诉我们：“相思就是经常不见面，但你心里想着我，我心里想着你。”他怕我们弄不明白，指着柴大娃说，“你爹在煤矿，你妈在家里，两人经常不见面，你妈就经常想着你爹，你爹呢，看不到你妈，夜里就想你妈，这就是相思，懂吗？”

柴大娃那时候十一二岁，听不懂，就说：“我爹我妈又不是鸟，咋还相思呢？”温玉奇听了就笑，“小兔崽子，二球货。”柴大娃就说：“你才二球货，谁说过，鸟还会想鸟？”

好像那年我十五岁，大概是1978年吧！那以后，我就记住了相思鸟。后来的山坡上，偶尔还会出现相思鸟，但我都记不清楚了。唯有这一次，我至今依然记得。

柴大娃后来就喜欢上养鸟，想养一只像温玉奇养的红嘴鸟，但红嘴鸟很少，就捉了一只牛屎八哥养，说是红嘴鸟。他找温玉奇学养鸟，但不管温玉奇怎么帮他，他养的鸟还是不活。直到他去煤矿当工人，也没养活过一只鸟。温玉奇有次对我说："这个柴大娃，榆木疙瘩，还去煤矿当工人，我要是他爹，是不会让他去挖煤的。"温玉奇的意思很明白，怕他进了煤窑，出不了煤窑。

不过，温玉奇看走了眼，柴大娃看着笨头笨脑，其实一点也不笨，在煤矿干得很不错，还当了个小头头，管着几十号人呢！

三

说说温玉奇养的那对相思鸟。

那鸟，红嘴、绿翅、白肚、黑眼，小巧玲珑，娇艳妩媚。一雌一雄，相视而鸣，恩爱异常。 每天清晨，总能听到它们"叽儿啾啾——叽儿啾啾"地鸣叫。不叫时，就在笼子里上蹿下跳，啄食，饮水，然后依偎着蹲在鸟笼里，梳理羽毛，十分亲密。

温玉奇对两只相思鸟格外上心，每天早晨，总要提着鸟笼，在后山坡转一圈遛遛。春夏季节，时不时到山坡上给它们捉虫子吃。隔三岔五，给鸟们晒晒太阳，洗洗澡。他老婆说：“死鬼孙，生儿子时，连尿片也没洗过，伺候鸟，比伺候他儿子还经心。”

有一天去他家看鸟，看到笼子里只有一只鸟，蔫头耷脑的，没有一点精神。再看身上的羽毛，凌乱不堪，头上还秃了一小片。问了温玉奇才知道，那只雄鸟跑了。

那天温玉奇喂罢鸟，他老婆喊他吃饭，他回过头说了两句话，那只雄鸟趁他不注意时溜出鸟笼飞走了。雄鸟飞走，雌鸟不高兴，“啾啾啾”大声鸣叫，一边叫一边在笼子里飞，把鸟笼撞得晃晃悠悠，身上的羽毛纷纷脱落。雌鸟在笼子里折腾得筋疲力尽时，就蹲在笼子角，不声不响，不吃不喝。

那只飞走的雄鸟，并没远走，就在温玉奇家院墙外的一棵枣树上鸣叫。笼子里的鸟听到雄鸟叫，就开始扑腾。没办法，温玉奇就把雄鸟赶走。可停一阵子，雄鸟就又回到枣树上，继续蹲在树枝上叫。

雌鸟开始绝食，但听到雄鸟鸣叫后，又开始吃食。吃过食后，就蹲在笼子角一声不吭，任凭温玉奇怎么逗它，也不叫一声。

温玉奇把雌鸟的笼子挂在院子里，用细线拴着雌鸟，打开鸟笼的门，想用雌鸟吸引雄鸟回到笼子里。但雄鸟飞到笼子上，与雌鸟隔笼而鸣，却不进鸟笼。两只鸟就这样隔着笼子，不停地鸣叫，那叫声有点哀怨，有点忧伤，但又有点欣喜和期待。

温玉奇说："看着两只鸟这样叫着，心里也不是滋味，放走吧，舍不得，不放走，又有点于心不忍。"

那只雌鸟，温玉奇最终还是放飞了。

那天上地干活，走时忘了喂鸟。中午回来，坐在门槛上抽烟，看到雄鸟从外面飞回来，嘴里叼着一只蚂蚱，飞到鸟笼上，隔着笼子给雌鸟喂食。看到这情景，温玉奇有点感动，他站起来，走到鸟笼边，打开鸟笼，雌鸟犹豫了一下，慢慢走出鸟笼，呼扇呼扇翅膀，飞到枣树上，两只鸟对着院子里的温玉奇"叽叽啾啾"叫了一阵，然后向山坡上飞去，消失在一片树林里。

温玉奇说："那鸟，对着我叫了很长时间。鸟和人一样，是有情义的。"

四

我一直认为，相思鸟是中国的名鸟。相思，让这种鸟披上了神秘的色彩。

我一直认为，让一只鸟演绎的爱情绝恋，是人的悲哀。

现实中，相思鸟演绎的旷世绝恋，在人间还在继续演绎着。有些时候，你说人不如鸟，似乎是对人的侮辱。但你不能不说，有些时候人还真不如鸟。虽说鸟会受到伤害，但毕竟鸟是自由的。因此，人就把自己美好的愿望寄托在鸟的身上。

相思，是沉重的，是无法承载的。记得看到过两句诗："痴心易绣相思鸟，魂梦难渡同心桥。"相知相爱，却无法与意中人相伴左右，只好劳燕分飞，天各一方。于是，我用痴心绣得相思鸟，与你魂梦共渡同心桥。相思之苦，无以言说。

相思鸟，喜雌雄成对活动，鸣声若银铃金钟，清脆悦耳。它是一种相亲相爱、情深意长的小鸟。确实如此。在山野看到的相思鸟，几乎都是成双成对的，很少看到孤孤零零的相思鸟独自活动。

从相思鸟，我想到相思树。在台湾、福建、广东、广西，有一种树，四季常绿，剑形叶，开黄花，种子红色。传为战国时代宋康王府中官员韩凭与妻子所化。韩凭妻子何氏貌美，被康王霸占，将韩凭囚禁。韩凭愤而自杀，其妻何氏也投台而死。并留遗书与韩凭合葬，康王十分恼怒，让人将两人分开，两坟相望。后来，两坟各生一树，树根相交，树枝交错，树上有鸳鸯交颈悲鸣。宋人称此树为相思树，象征爱情忠贞不渝。

唐代诗人王维有诗一首："红豆生南国，春来发几枝。愿君多采撷，此物最相思。"其实，红豆杉并不光生南方，北方也有红豆杉，我老家伏牛山区也有红豆杉分布。看来，爱情没有距离；相思，不分南北。

关于相思鸟，还有这样的传说，一对鸟如果其中一只死去，另一只就会不思饮食，忧郁而死。这种说法似乎不太科学，现实中，一对鸟结成夫妻，只要活着，是不会背叛的。如果一只鸟死去，另一只鸟也不会像传说中的那样，忧伤而死。但仅仅因为相思鸟失去伴侣后另行嫁娶，就说鸟不贞，似乎有点勉为其难。

有时也不尽然。从温玉奇养的那对相思鸟身上，我看到了它们的不离不弃。逃出鸟笼的雄鸟，并没有丢下笼中的雌鸟，而是坚守在雌鸟的身边，给雌鸟以活下去的力量和希望。有人说："夫妻本是林中鸟，大难临头各自飞。"相思鸟不是，它们渴望自由，但在自由与爱面前，对爱的忠贞和坚守，让我感动。

一种鸟，因为爱情，让它的故事变得凄美。我想，这样的结局，并不是我们想要的结局。

今天，一只相思鸟，让我的心绪变得越发沉重。

白头鹎：飞来飞去落谁家

一

在五月的花海里，在灌木丛中，在稀疏的林子里，白头鹎在飞翔。你也可以说，花丛中的白头鹎，它们与花朵，一起绽放。

白头鹎，在我们家乡也叫白头翁。如果你说白头鹎，恐怕没人知道，但你说白头翁，几乎人人都知道，这是一个知名度很高的名字。因此，我想把它们的名字，还原成家乡人熟悉的名字：白头翁。

在伏牛山区，在众多的鸟中，白头翁是一种极其平常的鸟。它们头顶白色的羽毛，在山坡、丘陵、草地上飞来飞去。白头翁性格活泼，不大怕人，在树枝间跳跃。如果没人惊动，它们很少飞行。偶尔起飞，也是短距离飞行。更多的时候，它们蹲在树梢上，叽叽喳喳地叫，叫声婉转。

这种类似麻雀的鸟，和麻雀一样，随处可见。在乡下，人们把麻

白头鹎

雀叫作“小虫”，把白头翁叫作“白头小虫”。如果从形体上看，它们确实与麻雀无异，甚至叫声也极其相似。白头翁与麻雀唯一的区别是羽毛。麻雀的背部栗色，灰白相间。白头翁的腰背部则是灰绿色，翅膀和尾部稍带黄绿色。如不仔细观察，还真能把它们当作麻雀。

我一直觉得，白头翁只是乡村的鸟，它们是属于乡村的。我在乡下时，走到哪里，哪里就有它们的存在。只要有树林，有草地，有果园，就有它们的身影。甚至城市的公园、人行道、阳台、树木上，也经常会有它们的身影。后来查资料才知道，白头翁不仅属于乡村，也属于城市。这是为数不多的寄居在城市的鸟。因此，有人把白头翁、麻雀和绿绣眼，称为“城市三宝”。

何以把白头翁、麻雀和绿绣眼称为“城市三宝”，我不得而知。但我想，它们之所以被城市人当作宝贝，可能是源于它们美妙的歌声。是的，当城市人被机器的轰鸣声、汽车喇叭声、喧嚣的吵闹声淹没时，能听到美丽的鸟鸣声，该是多么的幸福。也许，一声鸟鸣，唤起的是记忆中的田园风光。

我在单位的院子里，看到成群的白头翁，也见过它们筑的巢。单位在南阳市李宁体育园，这里风景秀美，绿树掩映，有数十种鸟生活在这里，白头翁就是其中之一。每年三到五月繁殖季节，总能看到白头翁在树丛中筑的巢。巢的形状如碗，多用枯草的茎和草穗筑成。鸟巢筑在树丛中，很隐蔽，不仔细寻找很难看到。甚至在阳台的花木中，你也可以看到它们的巢。

每年春天，是白头翁繁殖的季节，如果细心，你就会发现，一只白头翁出现在树枝上，不停地鸣叫，那是它们在用歌声寻找配偶。如果你看到另一只白头翁飞来，两只鸟一唱一和，那就是它们在唱情歌。接下来，它们会选择在灌木丛中筑巢，然后繁育后代。一般一年一到两次，每窝产卵三至四枚，一个月时间就有小鸟出巢。

白头翁的食物很杂，它们喜欢昆虫，尤其喜欢蝗虫、蝇蚊、蚂蚁、蝉虫；甚至蛇、蜂、蜘蛛，都是它们喜欢的美味。它们也吃植物的果实和种子，山楂、桑葚、苦楝、葡萄等，果子成熟季节，时常飞入果园偷吃果实。很多果实上伤痕累累，大多应该跟白头翁有关。

现在我们单位的院子里，还有成群的白头翁飞来飞去。我在去年白头翁筑巢的地方看了看，旧巢还在，但巢的主人已不知去向，只留下一个空荡荡鸟窝。看来，白头翁是没有记忆的。或者，它们没有故乡观念。作为自由的鸟，没有故乡记忆，是一种大的胸怀，四海皆我家，天涯任我行。

二

乡村是鸟的世界。在乡村大世界里，生活着无数的鸟。很多鸟你看到过，但很快就忘记了。我喜欢鸟，对鸟有一种与生俱来的爱。面对数不清的鸟，你很容易忽略它们。比如我，看到过的很多鸟都叫不上来名字；还有很多鸟，知道它们的名字，却忘了它们的模样。

很多鸟，你之所以记得它们的模样，记得它们的名字，是因为它们的与众不同。当然名鸟是不会忘记的，它们的知名度高，早已记住了它们的名字和模样。比如孔雀、百灵、黄鹂。还有那些丑陋的鸟，你也容易记住，比如乌鸦、寒号鸟。还有一些鸟，是大家族，经常在你眼前晃来晃去，比如麻雀、燕子。而那些平凡的鸟，你就很容易忽略。如果一种极其平凡的小鸟让你过目不忘，这鸟一定有显著的标志。比如白头翁，这是一种你看一眼就无法忘记的鸟。

我第一次在山坡上看到这小小的精灵，看到它们头顶上的那片白色的羽毛，我就很奇怪，为什么它们的头顶上长着白色的羽毛，而不是红色，或者绿色，再或者是蓝色的呢?

这鸟，第一次，就让我记住了它们的模样，从此就刻在了心中。

这鸟，你看一眼，就会喜欢一辈子。

这鸟，让你喜欢就想拥有，就想与它朝夕相伴。

我在乡下时喜欢养鸟，却没有养过白头翁。没养白头翁，并不是我不喜欢这种鸟。记忆中，我们村庄里，没有人养过白头翁。因为没有人养过，不了解它们的习性，没有经验，怕养不活。其实，养鸟对于养鸟人来说，是喜欢，但对于鸟来说，是一种伤害。我童年和少年时代没有这样的意识，总觉得，我喜欢鸟，把它们养起来，就是对鸟们的爱。

对于生命的爱，不应该是自私的。因为，生命是独一无二的，是珍贵无比的。爱不是囚禁在笼子里，爱是自由的。

我很长一段时间，盯着它们头上的白色羽毛，那片白色的羽毛，特别的耀眼。甚至在很远的距离，在树的枝头上，在凝绿的灌木丛中，在灰褐色的土地和草丛中，通过它头顶上的白，也能认出它们。我喜欢看它们在田野里寻找农人遗落的谷粒，在草丛中悠闲地寻觅草籽，在山坡上追逐一只蚂蚱。那活泼、伶俐的身影，总是吸引着我的目光。

那片白色的羽毛，一直让我纠结。我想，一片白色羽毛里，一定有一个故事。父亲告诉我，白头翁原来头顶上不是白色羽毛，是一片红色的羽毛，血红血红的羽毛。

父亲说，在远古时代，一片森林里，生活着一种聪明的小鸟，头上长着一撮火红的羽毛，模样很可爱，很多鸟看见它，都很喜欢它。

小鸟觉得，如果自己多学点本领，那不更讨大家喜欢吗？于是它决定学本领。它找到喜鹊，请喜鹊教它搭窝。喜鹊告诉它，搭窝很累，要到很远的地方去衔树枝、草和泥巴。小鸟怕把自己的嘴啄破，就放弃了。

黄莺的歌声很美，它就想跟着黄莺学唱歌。黄莺说学唱歌要先吊嗓子。它开始觉得很新鲜，可学了几天就厌烦了，于是，小鸟就不辞而别。

后来，它跟老鹰学飞行、跟鸬鹚学打鱼，但都半途而废，最终一事无成。头上的红羽毛也变成白羽毛，小鸟依然没学到本领。为了让子孙后代吸取这个教训，它的子孙后代一生出来，头上都有一撮白羽毛。于是，大家都叫它白头翁。

当时我听后深不以为然。我觉得，白头翁是很勤奋的鸟，整天忙忙碌碌地筑巢、孵卵、捉虫子，繁育后代；它们的歌声优美动听，与黄莺相比，各有千秋，并不逊色；它们的飞翔，虽比不上雄鹰，展翅凌空，但也姿态优美。它们虽没有鸬鹚打鱼的本领，但捕捉昆虫的本领是鸬鹚无法可比的。

多年以后，我已长大成人，但无所事事。为了让我学到一种安身立命的本领，父亲让我跟着他学唱戏。父亲唱曲剧，从家乡南阳唱到洛阳、平顶山，又唱到湖北襄樊、老河口，唱出了自己的一方天地，也唱出了家中的柴米油盐。父亲让我学曲剧，我觉得自己不是那块料。父亲不甘心，就在家中教我，我跟着父亲学了半月，连戏词也记不住，唱着唱着就忘了词。最终，还是放弃了。

后来母亲又让我学木匠，母亲说，木匠很吃香，谁家不用家具！到什么时候，乡村都离不开木匠。你学会了木匠，到时候吃香的喝辣的。可我不这么认为，我觉得乡村的木匠终究会失业的，因为我看到家具店已经开到了集镇上，而且做工精细，花样翻新。乡村木匠用老手艺做出的家具，将逐渐被时代淘汰。

对一种事物的认知，来自于自己的判断。通过对白头翁的观察，让我很快否定了父亲讲述的故事。我觉得，我看到的白头翁是一种美丽勤奋、活泼伶俐、机灵可爱的小鸟。而不是父亲故事中那种懒惰、奸猾的鸟。

白头翁，头顶上的白，在我看来，是一种标新立异，是一种与众不同，是一种自我个性的张扬。

三

鸟是有情感的，它们把感情融入行动中，是无声的。人类作为高级动物，往往对异类带有一定的排斥性。很多时候，我们忽略了它们和我们一样，是有血有肉有情义的动物。

我早年写过一篇《鸟泪》，当我们从鸟巢里抓出套住的母鸟，母鸟会拼命地挣扎，最后看着鸟巢里的幼鸟，绝望地流出了一滴伤心的泪水。这篇散文很多人认为是虚构的，不停地有人质疑。他们问我："克慰，你真的看到鸟流泪了吗?""鸟会流泪吗?"

记得《狗能记住回家的路》发表后，也有人不停地质疑，认为一只狗离开家乡一年多后，从三四百里的新家回到原来的家，是一件不可思议的事情。在乡村，有这样的俗语："狗记千，猫记万，老母猪只记二里半。"对这样的俗语，很多人不以为然。他们觉得，猫根本记不住万里的家，狗就更不用说。这样的俗语，是夸张的说法，不足为信。

鸟会流泪，是因为母爱。鸟不是为自己流泪，是为巢中嗷嗷待哺的幼鸟。那是亲情，是母爱之情。狗能从数百里之遥，在离开主人一年多后回到原来的家，也是情，是感恩之情。我们不能因为它们是低级动物，就忽视和否定它们的情感。

发一则关于白头翁的信息：今年5月14日，在湖南武冈市自来水公司大院里，一只白头翁不知何故意外死亡，另外一只白头翁哀鸣着从枝头上飞下来，展开翅膀护住了众人脚边那只死去的白头翁。它抓拖着，奋飞着，想将同伴带走。白头翁无法抓起同伴飞离，则不甘罢休，不停地尝试着。人们发现，在白头翁的努力下，它将死去的同伴拖出两米多远的距离。每次尝试过后，它就仰头长鸣。死去的鸟儿脖子上的羽毛被抓掉，渗出血迹，拖出的距离在不断增加，引来不少苍蝇，最后，大院保洁员将死鸟移走了。但是，它仍然不愿离去，一整天都在院子里悲哀地鸣叫，十分凄婉。

这是我从网上看到的信息，是否真实，不得而知。但我相信，它是真实的。因为去年春天，我在单位的院子里看到了同样的一幕，不同的是，那只鸟是一只绣眼。

那天早上，一只雄性的绣眼误入单位的走廊，走廊是用蓝色的玻璃封闭的，绣眼鸟飞进走廊后，受到了惊吓，在走廊里飞来飞去，可能是急于脱逃，误把玻璃当蓝天，一个劲地往玻璃上撞。十多分钟后，绣眼鸟从撞上去的玻璃上掉了下来。我走过去，想把它捡起来放到窗外，还没等我走近，它就惊恐地飞起来，然后一头撞在玻璃上、摔在水泥地上，嘴一张一张地呼吸。我想把它扶起来，但扶了几次又倒了下去。可能是撞晕了吧！我把它放到院子里的草坪上，心想，休息一阵，凉风一吹，它就会醒来。

中午下班，我特意去看绣眼鸟。很远就看见一只绣眼鸟在草地上蹲着，它的身边，躺着一只绣眼鸟，一动不动。我走过去，惊飞了蹲着的绣眼鸟，它“唧”地一声，飞到了草坪边的玉兰树上。而那只躺在地上的绣眼鸟，早已没了呼吸。那只惊飞的绣眼，蹲在树上，不停地凄厉地鸣叫，始终不肯离去。

几年前，我在老家的山坡上看到两只白头翁勇斗伯劳，那场景令我震撼不已，它们让我看到了弱者面对生命所产生的强大的牺牲精神。

那天回家看母亲，闲时去山坡上走走，在一片空旷的草地上，两只白头翁很悠闲地在草地上觅食。突然，从松树林里飞来一只伯劳，扑过来就啄一只白头翁，就在伯劳扑倒白头翁的一瞬间，另一只白头翁飞扑过来，在伯劳的头上狠狠啄了一口。伯劳放下地上的那只白头翁反扑过来捕抓啄它的那只白头翁，而刚才被伯劳扑倒的那只白头翁迅速地扑上去，猛啄伯劳。两只白头翁啄、躲、闪、跳，与伯劳打来打去，勇猛无比。

伯劳有“雀中猛禽”之称，可面对两只勇敢的白头翁，毫无办法，被打得身上的羽毛纷落，最后落荒而逃。两只白头翁飞落在树梢上，“叽叽喳喳”地大声鸣叫，好像是在庆祝自己的胜利。

两只小鸟面对强者，毫不畏惧，不惜用生命保护自己的同伴，让我震撼。那一刻，我对小小的白头翁充满了敬意。

现在，单位的院子里每天都有数十只上百只白头翁，在草坪上，在树枝上，在竹园里“叽叽喳喳”地叫，我时不时走出办公室，站在院子里看着它们，与它们长久对视。

我觉得，这些小精灵，值得我注视，或者是仰视。

灰喜鹊：*不道枝头无可落*

一

大地新绿，花朵绽放，这个季节，灰喜鹊抖动轻盈的翅膀，在蓝天，在山岭，以生动的姿态，站成大地上一道亮丽的风景。

无数次，在山野的林子里，在村庄的房前屋后，在城市的公园里，与你相遇。“嘎——唧唧唧——唧——”单调的声音拖着长长的尾音撞击着我的耳膜。可能是这个季节太过寂寞，灰喜鹊，它们想以歌声，打破沉寂的大地。

我喜欢这种鸟，它们总是在你孤独的时候出现在你眼前。十来只，扑棱棱飞过来，百十只，扑棱棱飞过来，落在树枝上。树枝晃悠几下，它们“唧”地一声，长尾巴一翘便飞走了。

我觉得，灰喜鹊是一种最没耐性的鸟，一会儿飞这里，一会儿飞那里，在你的眼前绕来绕去，让人眼晕。这鸟，看起来不怕人，但你

灰喜鹊

大喊一声可能就惊了它们，于是一哄而散，跑得无影无踪。鸟，毕竟还是怕人。不过，当它们觉得没有危险时，还会成群结队返还到原来的地方，好像那里还有它们舍弃不掉的东西，比如，成片的果子，美味的虫子，遗落的谷粒和草籽，等着它们去收获。

灰喜鹊，在我看来，是一种害怕孤独的鸟。我看到的灰喜鹊，很少单独行动，它们总是结成群，集体行动。灰喜鹊另一个明显的特点，就是喜欢在人类居住的地方活动，对人类有着某种依恋。用我们家乡的话说，这鸟，恋人。没有人居的山野，便很少看到它们的影子。如果你在山野里看到它们，你也一定会看到它们与八哥、乌鸦等鸟混成一群。

作为雀鸟，灰喜鹊算得上是美鸟。它们的外形与喜鹊相似，身上的羽毛较为鲜艳，尾巴也比喜鹊稍长一些。它们的头黑色，上体灰色，散发着淡紫色的光泽，翅膀和尾巴青蓝色，胸腹灰白色，是一种具有欣赏价值的鸟。

在乡村，人们给予灰喜鹊与喜鹊同等的待遇，把它们视为吉祥鸟，出门见到喜鹊，人们就会说："出门见喜，好兆头。"听见喜鹊的鸣叫，人们就说："听见喜鹊叫，好事定来到。"因此，在乡村，你几乎看不到有人伤害喜鹊和灰喜鹊。就是喜欢养鸟的人，也很少养灰喜鹊。养灰喜鹊的大都是城里人，是因为喜欢，养一两只玩玩。乡村人捕捉麻雀、斑鸠、鹌鹑等鸟，但从不猎捕灰喜鹊。

每年的五月，是灰喜鹊的繁殖期。这个季节，在乡野稀疏的林子里，在村庄和城镇的行道树上会看到灰喜鹊飞来飞去，叼着树枝忙碌着，这是它们在为自己筑巢。它们的巢，很多建在路边的杨树、榆树、松树等乔木上。山坡上稀疏的林子里，偶尔也能看到它们的巢。也有的灰喜鹊利用乌鸦废弃的旧巢，生儿育女，繁育后代。

说实话，灰喜鹊的巢，极其简陋，看着就觉得这鸟愚笨。记得有一句成语叫"鹊巢鸠占"，最早出自《国风·召南·鹊巢》一诗，有"维鹊有巢，维鸠居之"一句，意思是，喜鹊筑巢在树上，布谷飞来就居住。我看到就想笑，灰喜鹊的巢，在雀形目鸟类中，是最没激情和想象力的，建筑工艺十分粗糙，霸占这样的鸟巢，除非是比灰喜鹊还要愚蠢的鸟才干这样的傻事。

灰喜鹊的鸟巢，大多筑在树的枝丫间，距离地面十米左右，可能是为了防止受到伤害，筑在高高的树枝上，人与动物很少能触及。鸟巢很简单，有的像盘子，有的像个平台，外面是细小的树枝，里面是草茎、草叶、纤维以及动物毛发。每窝产卵四至九枚，卵为椭圆形，灰色、灰白色、浅绿色或灰绿色，蛋壳布满褐色斑点。孵化期半月左右，幼鸟出壳后，再养育二十来天，小鸟出窝就跟着父母练习飞翔。

繁殖期间的灰喜鹊，基本是一夫一妻成双活动，共同哺育幼鸟。如果你仔细观察，你会发现，因为子女众多，需要轮流喂养，大约十来分钟，幼鸟的父母就会过来喂食一次，往返不断，十分辛苦。可以说，一天中的大部分时间，幼鸟的父母是用来捕捉虫子，喂养小鸟食物的。

到了秋天，繁殖期过后，灰喜鹊就轻松了很多，十几只或者几十只鸟聚集在一起，又开始了它们的群居生活。也许，这段时间是它们一年中最自由最惬意的日子。

二

在众多的鸟类中，灰喜鹊无疑是属于聪明一类的鸟。

说灰喜鹊聪明，是指它们能与人和谐相处，并能很好地领会人们的意图。这种鸟经过训练后，可以按照主人的要求，到果园捕食害虫。

我在家乡时，见过温玉奇养过灰喜鹊。在村子里，也就温玉奇养，这人，懂鸟。其实灰喜鹊很容易养，养熟了，甚至不需要关进笼子，一般情况下它是不会离家出走的。温玉奇养的灰喜鹊就是除虫能手。他家院子里有几棵桃树，桃子容易生虫，因此，种桃的人常常给桃树打药灭虫。但温玉奇家的桃树从不打农药。每年桃子快成熟季节，他养的灰喜鹊就成了虫子的克星。当然，灰喜鹊不仅除虫，也吃桃子，哪个桃子鲜艳，就啄哪个。

它们的聪明，还在于它们对食物的需求上，是有选择地挑选食物。比如吃东西，就专捡美味的吃。如果吃不饱，再去吃其他东西。它们吃无花果，不吃皮，在果实上挖个洞，嘴巴伸进洞内，专吃果肉；它们吃葡萄，也是把嘴伸进葡萄，把果肉吃净，留下一个空葡萄皮。这比其他的鸟类精明一点，很多鸟见啥吃啥，不加选择，吃饱就走。

我看过温玉奇逗灰喜鹊，他一手拿只虫子，一手拿个果子，看灰喜鹊先吃哪个。这小东西很精，上去就啄虫子，温玉奇就把拿虫子的手缩回去，但灰喜鹊不干了，飞到拿虫子的手上，强行把温玉琦的手撬开，吞下虫子。然后再飞到另一只手上，去啄果子，逗得温玉奇嘻嘻哈哈笑个不停。

灰喜鹊不但聪明，还很机智。在乡村，你会看到灰喜鹊飞到农家，钻进房屋内偷食食物。早些年，民风淳朴，乡村人出门干活，门一般是不上锁的，甚至房门大开，也有时是忘了关门。如果农家的房门敞开着，便给了灰喜鹊可乘之机，它们飞到农家，留三两只鸟在门外警戒，站岗放哨。其他鸟钻进屋内，见啥吃啥，粮食、馒头、剩饭、剩菜，只要能吃的，绝不嫌弃。如果没有危险，它们就轮流享受着农人留下的美味。

对于灰喜鹊的调皮捣蛋，农人并不反感。有的人看着它们偷吃也不会去打扰它们，吃就吃吧，能吃几颗粮食？也有的人看到灰喜鹊偷吃粮食，就骂一句“吃嘴的家伙”，挥挥手吆喝一声，看着它们一哄而散，惊慌而逃，然后哈哈大笑。

20世纪80年代，我那时还在乡下，有一天干农活回家，刚到院子前就看到几只灰喜鹊从屋内飞出来。进屋后，看到一只灰喜鹊从木窗里往外挤，可能是窗棂间的距离窄，被卡在窗子上，老老实实地被我活捉。

我活捉的那只灰喜鹊是一只当年出窝的鸟，没啥经验，要不也不会被卡住让我活捉。本来我想把它放了，后来想到温玉奇养有一只灰喜鹊，正好可以做伴，就把那只鸟送给了他。看见那只灰喜鹊，温玉奇高兴地说：“我养一只母的，你又给我送来一只公的，一公一母，正好一对。”

温玉奇养的那对灰喜鹊，几年后那只母鸟死了。死的那只鸟，应该是老死的吧。我给他送那只灰喜鹊时，他的母喜鹊已经养了好几年，算下来，也有十来年了，一只鸟，能活到十几年很不错的。母喜鹊死后，那只公喜鹊很伤心，不大吃食，一副无精打采的样子。温玉奇看它可怜，就把它给放了。被放的那只灰喜鹊不愿走，好多天就在温玉奇家转悠，但最终还是走了。

温玉奇说：“灰喜鹊通人性，养的时间长了跟人就有感情。这种鸟不能养，养了，总有一天会让人伤心的。”后来温玉琦确实没有养过灰喜鹊，后来我去过他家多次，都没见到过灰喜鹊，而且他养的鸟越来越少。

其实，我个人认为，养鸟等同于杀鸟，是对自然生态平衡的一种破坏。不养鸟，是对鸟的一种保护。尽管我无法要求别人不养鸟，但我尽力做到自己不养鸟。何况，很多鸟是益鸟。

三

鸟是温柔的，除了鹰、雕、鹞、鹫等隼形目猛禽外，很少具有攻击性。在众多的雀形目鸟中，具有攻击性的鸟更是少之又少。当然也有例外，比如灰喜鹊，就是比较凶猛和善于攻击的鸟。但与隼形目的猛禽相比，它们的攻击性相对较弱。

聪明的鸟，往往也最容易记仇。记仇的鸟，也就具备了报复心，有报复心的鸟，就有攻击性。对于人来说，如果人没有威胁到它，一般来说它们是不会主动攻击人的。灰喜鹊记仇，我是有记忆的。

早年在乡下，曾经招惹过灰喜鹊。记得那年，房后的一棵榆树上突然间就多了一个鸟巢，两只鸟整天“嘎嘎唧唧”地叫，烦人。那时小，十来岁吧，有一天看到灰喜鹊蹲在鸟巢里，就捡了颗石子，向鸟巢投去，虽没砸着鸟，但也惊得它“嘎唧”一声，飞出很远。后来，只要我从房后过，它们看见我就从树上飞下来，翅膀扇得哗哗响，在我的头顶盘旋。它们追着我，追出很远，能感觉到头顶上有一股风。

看着很凶猛的鸟，但对其他人很温柔。我们兄妹几个，只有我到房后去它们才追打我。我的兄妹们到房屋后边玩，两只灰喜鹊看到就像没看到一样，任凭他们吵吵闹闹，蹲在树上动也不动。

也有这样的现象，在灰喜鹊育雏期间，你从灰喜鹊巢下走过，或者在它们的巢边停留，惊动了它们，灰喜鹊会群起而攻之。它们先是围着你，在你的头顶“嘎唧”乱叫，然后以迅猛之速度俯冲下来，用翅膀拍打你的头。直到你离开，它们认为没有了危险，才会停止对你的攻击。

灰喜鹊凶猛，但它们更勇敢。有一种害虫，叫松毛虫，不要说是鸟，就是人，一旦误食，不死也得蜕层皮。但灰喜鹊不怕，把这种毒虫当美味，百食不厌。

松毛虫，是林业上的第一大害虫，如果发生松毛虫灾害，成片的松林会被松毛虫吃得光秃秃的，然后慢慢枯萎而死。一只松毛虫，一天可吃掉三十多根松针。一棵树，只要有百八十条松毛虫，很快就被吃得光秃秃的。

松毛虫繁殖速度快，而且身上长满毒刺，很多食虫的鸟不敢接近它们，更别说吃了。灰喜鹊却特别喜欢吃松毛虫，在吃松毛虫时，它们把松毛虫叼起来，找一块石头，将毒刺一根根蹭掉，然后将松毛虫啄成碎块，美滋滋地享受美味。据说，一只灰喜鹊每年可吃掉一千五百多条松毛虫。

到了秋天，松毛虫开始吐丝，把自己变成蛹，藏在茧内。这时，一根根毒毛从茧内穿出，好似利剑，让很多鸟儿望而生畏。尽管松毛虫把自己藏在茧内，却依然阻止不了灰喜鹊对美味的渴求，它们用尖利的嘴，把挂在树上的茧撕破，从里面揪出一条胖乎乎黄蛹，悠然自得地享受着美味。有些茧侥幸躲过灰喜鹊的大口，变成了蛾子，从茧内钻出，摇身一变，成了一只只黄粉色漂亮的飞蛾，它们展开翅膀轻飘飘地飞起来，寻找配偶传宗接代。

看到漂亮美味的飞蛾，灰喜鹊当然不会放过。紧追飞蛾飞奔而来，飞蛾自然不会坐以待毙，就在林子里与灰喜鹊兜着圈子，借机而逃。灰喜鹊穷追不舍，瞄准目标，飞扑过去。最终，一只只飞蛾被灰喜鹊吞到肚子里。

由于灰喜鹊对松毛虫有着强大的杀伤力，科学家们研究用灰喜鹊捕杀松毛虫，有计划有目标地驯化灰喜鹊，用灰喜鹊替代农药等方法灭虫。1983年，徐真拍摄的科教片《灰喜鹊》中，就有利用驯化的灰喜鹊捕捉松毛虫的宏大画面：饲养员吹着哨子走在前面，一群灰喜鹊从笼内飞出来，紧跟在饲养员的后面。哨音响起，一只只灰喜鹊连绵不断地奔向林中“战场”。顿时，松林内群鹊飞舞，犹如千军万马，各自施展捉虫本领，一条条松毛虫被啄食，葬身鸟腹。场面宏大，十分壮观。

不过，这样的画面在我的家乡是看不到的。家乡的松树林面积很小，后来开荒造地，又砍伐了不少，山坡上的松树，长得稀稀拉拉的，别说没有松毛虫， 就是有松毛虫，也不可能出现大规模的虫灾。

但是，那个震撼人心的画面，却留在了我的心中。一直以来，对于灰喜鹊，我始终心存敬畏。

太平鸟：*枝头飞羽正谐融*

一

我喜欢去单位门前的林子里散步、看鸟。散步，看鸟，听鸟鸣，这是我多年的习惯。单位在南阳李宁体育园，西边是盛产中国名玉独山玉的独山，东边就是白河。靠白河边有一大片紫荆林，中间是一条路，路西边是一片桃园，要么沿着白河边的紫荆林走，要么沿着两片林子中间的路走，紫荆林和桃园都能看到，既能看鸟又能听鸟鸣。

单位的四周都是树，有桃树、塔松、紫荆树、杨树、银杏树、玉兰树等二三十种，从远处看，根本看不到那是一个占地十多亩的单位，你看到的只是树。这么多树林，还靠着白河，鸟自然就多。有多少，我记不清。我在单位十多年，每年来来往往的鸟多了去了，有的今年来明年不来，有的常年就在这里住着。

我能记清的鸟，大概几十种吧！有麻雀、喜鹊、燕子、白头鹎、

太平鸟

灰喜鹊、绣眼、牛屎八哥、戴胜、斑鸠、画眉、白颈鸦、金翅雀等，白河里还有苍鹭、白鹭、鸳鸯、绿头鸭、绿翅鸭。鸟太多，多得你想不起来，每天都能看到不同的鸟在飞来飞去，叫来叫去。

一天我散步回来，单位的小周说："你看到没有，有一种鸟，特别美，颜色亮丽，最美的是头上的一撮毛，根部橙黄，梢部淡灰色，尾巴上有黑黄色的斑纹，恐怕你没看到过。"头上有一撮毛的鸟很多，凤头百灵、戴胜、凤头雀莺、凤头雀嘴鹎等，头上都长一撮毛，凤头鸟实在太多，一时也想不起来。

小周说："我敢说，你没看到过，恐怕看到这种鸟的人不多。长这么大我也是第一次看到这样的鸟。”虽说想不起来是啥鸟，但小周的话，我记在了心里。

有一段时间，我去散步，格外关注小周说的那种鸟。但天上飞的，没有凤头鸟；树上落的，没有凤头鸟；地上跑的，也没有凤头鸟。小周说的凤头鸟再也没有出现在林子里，神秘地消失在空旷的大地上。

很快，我就把凤头鸟的事淡忘了。再去林子里散步，也就没有想起小周说的凤头鸟。日子就这样，在淡忘中匆匆过去。

2016年的春天，我再次去林子散步，走着走着，从林子里传来一阵“嘀——嘀嘀——嘀嘀嘀嘀嘀嘀嘀嘀”的鸟叫声，鸣叫声轻柔，带着脆响。这样的鸟鸣声，有点熟悉，但一时想不起来是什么鸟。

我抬起头，循着鸟声望去，前边的林子里几只鸟蹲在树枝上，仰头鸣叫。树上的小鸟，羽冠冲天，蛾眉细长入鬓，眼睛上有着橘红色眼影，尾羽的颜色和眼影相呼应，但尾梢淡黄，模样十分可爱。如果把它们称为小精灵，一点也不为过。

这鸟我熟悉，它们叫太平鸟。今年春天，我还在伏牛山石人山南麓风景区看到过。这次看到的太平鸟，是第二次。其实，太平鸟在我们家乡不是什么稀有的鸟，早些年我在家乡的山坡上看到过，每年总能看到几次，三五只、十几只或五六十只。可后来突然就不见了踪影，从家乡的山坡上消失了。

可能是家乡的松林大面积砍伐的原因，也可能是它们不再适应家乡的气候，就离开了。偶尔，在伏牛山深处还能看到它们的身影。十多年前，我就在位于伏牛山深处的乔端乡的大山里看到过成群的太平鸟。没有想到的是，2016年春天，我两次看到太平鸟。这让我突然觉得，能与美丽的小鸟相遇，是多么幸运。

见到小周时，我对他说："你看到的鸟叫太平鸟，如果在十多年前，你能看到成群的太平鸟，现在少了，很难看到。"

小周说："要是能抓一只养养，该多好啊！"我对小周说："养啥鸟，就是因为养鸟的人多，野生的太平鸟都快被抓光了。现山野里已经很少了，你能看到，就很不错了。"

太平鸟偶尔也光顾城市的公园，能在城乡接合部看到太平鸟，说明这里的生态保护完好。是的，现在的李宁体育园，西傍独山，东靠白河，还有大面积的草地，有山有水有草有树，环境确实不错，太平鸟来这里游玩，也在情理之中。

二

记忆里，家乡的山坡上什么都缺，就是不缺树，不缺鸟。山坡上到处都是松树，油松、马尾松，漫山遍野。那时候，在山坡上能找到一点吃的，就是酸枣，其次是山楂。像大山里的柿子、猕猴桃、野葡萄、核桃、毛栗子等野果子，是根本看不到的。就是酸枣、山楂这样的野果，在成熟季节，也被鸟们啄食。因此，我少年时的山坡上，除了树就是鸟。

在我的家乡，能看到的鸟，大都是普通的鸟。像太平鸟这样艳丽的鸟，很少看到。其实，太平鸟在我们老家，不叫太平鸟，被叫作连雀。很少有人知道，这种美丽的小鸟叫太平鸟。我们还给它起了一个名字：嘀嘀鸟。

在乡村，最容易看到太平鸟的季节，是在春天和冬天。这两个季节，走进家乡的山坡，幸运的话，可以看到百八十只成群的太平鸟。一般情况下，也就三五只、十来只。即便小群的太平鸟，也不常见。

少年时代，我们一群小孩儿经常去山坡上玩，春天捉鸟抓鸟蛋，夏天挖山韭菜，秋天摘野果。只要听到“嘀——嘀嘀——嘀嘀嘀嘀嘀嘀嘀嘀”的鸟叫声，我们都很兴奋，支棱着耳朵，听鸟叫声传来的地方，然后跑过去看这种鸟。在山坡上，我们追着太平鸟看，看它们从这棵树飞向另外一棵树，看它们从树上飞向天空，直到消失在遥远的天际。

我始终无法理解，那个时候，我们为什么会对一种鸟那么执着，满山尽岭地追着鸟看。现在的孩子，是不会像我们那样狂热地跑向山坡看鸟的。我们那个时代，除了一年看几场电影、看几本小人书之外，不看鸟还能看什么？那时候，最大的愿望就是能抓到一只太平鸟养，其实根本就抓不到，养鸟，只是一种愿望而已。

我曾经与村子里的小坡、小明去抓过太平鸟，但始终没有抓到，主要是找不到这种鸟的鸟巢，也想过用网粘鸟，但那时的乡村，除了渔网，根本就没有粘鸟网。我们曾在山野里寻找它们的鸟巢，结果一无所获。也许，这种鸟本身就是一种旅鸟，不在我们的家乡繁育，去哪里找鸟巢呢?

我们三个借了一辆自行车，去离我们村子十几里的鸭河水库偷渔网，渔网是偷到了，但人也被逮着了。好在是乡邻，父辈们都认识，才放我们回家。走的时候，还给我们一截烂网，蓝色的尼龙丝网。我们三个人很高兴，拿着烂渔网兴冲冲地回家了。

回去后，我们把烂渔网固定在树上，蹲在松树下，等着太平鸟往网上撞，但次次落空，连一只山麻雀也没网到。有一天我们看到几十只太平鸟在松树上跳来跳去，就把网固定到前边几十米的松树上，然后轰鸟。可不管我们怎么轰，那鸟就是不向网的方向飞。最后，一群太平鸟被我们轰得七零八散，飞向远处的山林。

现在想想，我们那时候有点天真，那破渔网，就是粘着鸟，也无法把鸟缠着，先不说网是蓝色的，容易识别，就那尼龙丝，还是很粗的，且没有弹性，鸟撞上去很容易逃脱。

后来我们三个还想了很多办法，都没有成功。最笨的一次，我们用牛尾织了五十多个网套，固定在太平鸟常去的地方，我们隔三岔五去看看，总是满怀希望去，带着失望归。现在想想，那时的我们是多么幼稚、可笑。

三

看鸟，在我的童年和少年时代似乎成了习惯。遇上好看的鸟，还真的喜欢。比如画眉、黄鹂、金翅雀，再比如太平鸟。我看鸟，从不惊动它们，就那么坐在山坡上，呆呆地看着。看它们仰头鸣叫，一声接着一声；看它们抖动翅膀，从一棵树跳到另一棵树。直到它们玩得无聊，自己飞走。

有一天我去南洼种豆角，走到山洼里，看到一群太平鸟，在一个小堰潭里洗澡。我有点惊奇，知道画眉喜欢洗澡，没想到太平鸟也喜欢洗澡。其实，看看太平鸟高贵俊美的身姿，就应该知道，它们的高贵和俊美，源于它们的干净卫生。试想，一只鸟灰头土脸，身上沾满草屑，还能高贵俊美吗?

堰潭的堤坝上，长着很多油桐树，我坐在树下，悄悄地看着它们。最早是两只鸟在洗澡，堰潭上面的一汪清水，被两只鸟扑腾得水花四溅。接着，又飞过去几只，原来洗澡的那两只，可能是洗干净了，就飞到堤坝上面的松树上，看着同伴洗。几只鸟在水中扑腾一阵，也飞到树上，“嘀嘀”地叫，叫声清脆，好像是在呼叫同伴。它们的鸣叫声刚停，就有几只鸟飞过来，在水塘里闹腾。

它们洗澡，不时地呼扇翅膀，拍打水面，然后抖动翅膀，弄得水珠飞舞。也有的鸟靠近另一只鸟，使劲拍打水面，把水溅到另一只鸟的身上。它们一边拍打水面，一边“嘀嘀”地叫。看太平鸟洗澡，感觉就像我们小时候打水仗，一边把水往伙伴身上撩，一边笑着叫着，玩得既疯狂又尽兴。

大概有十多分钟时间，最后一拨鸟也飞到松树上，仰着头叫一阵，然后哗啦啦飞向天空，落到不远处的松林里，继续鸣叫。我突然觉得好笑，原来，鸟跟人差不多，高兴时，也会打闹逗乐。

其实，鸟们也有喜怒哀乐，七情六欲，它们和人一样，唯一的区别，是语言不同而已。

有人认为，鸟的智商并不比人低，有时候，它们也会与人斗智斗勇。说鸟不比人智商低，这我相信。有一年深秋，苹果成熟时，我在老家的果园里，就看到一群太平鸟跟人捉迷藏。

苹果园是村子里张小猛家的。苹果成熟季节，张小猛就到果园看苹果。我与小猛关系好，没事干时，就到果园找小猛玩。有一次我去果园，小猛说：“果园有十几棵黄香蕉，长得黄爽爽的，摘几个你尝尝。”

小猛家的果园，有二十几亩大，西边一二十亩，东边发个岔，有四五亩，那十几棵黄香蕉，就在东边的沟岔里。我和小猛走到东岔口，还未走进果园，就看到十几只太平鸟，在果树上啄果子。

看到太平鸟，小猛说：“这鸟，吃嘴着呢，光来偷吃苹果。”他就对着那鸟吆喝起来。听到吆喝声，太平鸟就飞起来，飞到果园边的松树上，蹲在树梢上，看着我们摘苹果。我们摘了几个苹果，走出果园，走到半山坡，那群鸟就飞回果树上，继续啄苹果。我们俩站在山坡上对着鸟吆喝，但太平鸟像没听见一样。我们往果园走，还未走到果园边，一群鸟又飞到松树上。小猛就甩石子轰鸟，鸟就飞走，但不飞远，落在松树上。我们前脚刚走，它们就又飞到果园里。

小猛说：“这鸟精能得很，咋轰也不走。有一次我没事，轰了十几次，也没轰走。你轰它们就走，你走它们再回来。长在最上面的苹果，都被啄个洞。也有其他鸟偷吃苹果，但轰一次，半天都不来，这鸟，难缠。”

小猛笑笑说：“其实，鸟到果园，一般是来吃虫子的，很多鸟不吃果子。就这鸟吃苹果，还专捡黄香蕉吃。不过，也吃不了几个，被它们啄过的苹果，就留给它们吃吧！”

四

太平鸟其实有两种，一种叫大太平鸟，另一种叫小太平鸟。两种鸟长相差不多，不仔细分辨很容易混淆。大小太平鸟唯一的区别在尾巴，大太平鸟翅膀边缘有黄色的斑纹，尾梢的羽毛黄色，别名十二黄、连雀；小太平鸟的翅膀上有一条红色斑纹，尾梢的羽毛也是红色。因此，小太平鸟叫十二红、绯连雀、朱连雀。

小太平鸟，我也看到过，一两只、三五只的。有时候，小太平鸟就混在大太平鸟群里，跟大太平鸟一起活动。不过，在我们乡下，不管是大太平鸟还是小太平鸟，我们都叫它们“嘀嘀鸟”，乡下人对鸟的名字不大关心。

在我的记忆里，小太平鸟性情活跃，不停地在树上跳来跳去，很少看到它们在地面活动。不过，已经有很多年我没有看到小太平鸟了，或者即使是看到了，没有仔细辨认，把它们当作了大太平鸟，这也有可能。

后来，我在十多年后两次看到了太平鸟，对我来说，这是一件多么欣慰的事情！但愿，这美丽的小鸟能在我们家乡常驻。

白颈鸦：啼血有泪伤秋瘦

一

春天的一个清晨，在单位院子的树上，我突然看见一只黑色的白颈鸦，一袭黑羽，白色的围脖，格外显眼。很多年，在故乡的原野上，它们扇动着黑色的翅膀，在树的枝丫间跳动；有的在田野里、沙滩上缓步觅食。

黑色的白颈鸦，家乡中原大地的儿女，它们总是在我的记忆里一闪而过。记得在乡下，这种黑色的白颈鸦并不常见，它们是稀有的，踪影难觅。

关于白颈鸦，那些久远的记忆，始终留在我的故乡，豫南那片黄色的原野上、那些茂密的林子、白色的沙滩、黄色的庄稼地。白色的脖子和胸，黑色的背和翅膀，身姿曼妙、迷人。现在，它们突然出现在我的眼前，让我感到惊喜。

白颈鸦

而我的故乡，确切地说，我的出生地，早已被城市的喧嚣淹没。那些林子、那些沙滩以及那些鸟，随着故乡的炊烟，渐行渐远，遗落在故乡的某个角落。然而，就在这个清晨，我的记忆，突然被一声鸟鸣唤醒，我抬起头，透过窗棂，在单位前边的一片树林里，看到了久违的身影，在我眼前几十米远的树枝上，飞来飞去，“嘎嘎”地鸣叫。

一只白颈鸦，看上去是那么孤单，这让我感到了一种失落。很多年前，似乎不是这样，虽然没有看到大群的白颈鸦，但三五只到三五十只，总是有的。也有孤单一只的白颈鸦，但那是脱队的鸟，可能是贪吃，落在了后面。而我面前的白颈鸦，就这一只，足足有十来分钟，再也没有看到其他的白颈鸦飞过来。

这是一只迷失的鸟。

单位就在市郊，偏僻，但环境幽雅，孤零零的楼房，前边是果园、风景林，后边是数百亩桃园。春天，到处都开满了鲜花，红的白的紫的，姹紫嫣红。再往左看是独山，就是盛产独山玉的那座山，独山玉扬名海外，喜欢玉的人，并不陌生；右边是白河，南阳的母亲河，这条河，养育了数百万南阳人。眼前的白颈鸦，可能是留恋独山的秀美、白河的碧水，留在了这里。

在家乡，白颈鸦的种群数量不多，但也时常能看到，走在家乡的原野，不经意间，眼前就会出现它们的身影。看见人，它们似乎很警惕，哪怕稍微的响动都会惊动它们，“嘎嘎”叫着飞向天空。乡村人说，白脖子老鸹，胆小，娇气。

它们真的很胆小，落在树上，翅膀总是不自觉地扇动着，随时准备飞走的样子。就连在田野里觅食，步子缓慢，一步一步往前迈，生怕一不小心，弄出点响动，自己吓着自己。我看白颈鸦，总有一种想笑的冲动，笑它们傻乎乎的样子。

其实，我是没有权利笑它们的，生存的艰难，让它们格外谨慎，那是对生命的负责。作为一只鸟，在强大的人类面前，它们是弱者，稍不留神，生命就会消失。生命对于人类来说，只有一次；对于鸟，何尝不是一次?

二

很多年前，在我的家乡，一只白颈鸦，它对生命的渴望，超出我的想象。那是一只惨死的白颈鸦，它的死，让我从此对生命产生敬畏。

1983年的一个夏天，我在庄稼地里，突然听到一只鸟坠地的声音，“噗——”一只白颈鸦从田头的一棵树上掉了下来。远远地，我看到两个坏小子，嘻嘻哈哈地跑过来，他们手里握着弹弓，一副胜利者的样子。

那只坠地的白颈鸦，在地上躺了一会儿，突然翻身起来，顽强地站了起来，呼扇着翅膀，拼命地向前扑腾，走了几步，又倒了下来。我走过去，看到那只鸟胸脯上沾满鲜红的血，剧烈地喘着气，已经没有了挣扎的力气，再也站不起来了。我想把它捡起来，刚弯下腰，那只白颈鸦又扑棱了一下，颤颤巍巍地站起来，呼扇着翅膀向前飞去，每扇动一下翅膀，胸脯上的血滴滴溅落，洒在地上，斑斑点点。

那一滴滴的血，足足洒了十多米，白颈鸦最终还是倒在了地上。在死亡来临之时，那只白颈鸦没有放弃对生命的追求。那斑斑点点殷红的血，写满了顽强，写满了对生的渴求，那是生命不息的符号。

生命即将终止的那一刻，天空晴朗，阳光明媚，片片白云格外生动，这样美丽的日子，我却不能唤醒一只沉睡的鸟。我走近那只白颈鸦，它的翅膀依然保留着飞翔的姿势，豆眼圆睁，那孤独无助的眼里，写满了对这个世界的迷茫和眷恋。

我不止一次地看到一只只鸟瞬间坠地。在豫南大地，一支火药枪，一只小小的弹弓，一阵冰雹，或者是交加的风雪，都会让那些美丽的鸟折翅。那些弱小的生灵，无法承受大自然突降的灾难，更无法承受人类的猎杀。

在冬天的山野里行走，我看到过很多鸟的遗体，确切地说，是腐烂的尸体，或者是一撮羽毛和干枯的骨架。那些山坡、林子、田地，庄稼，在异常安静里，接纳着一只只意外殒命的鸟，鸟们用身体滋润着家乡的那片土地。

站在山野里，总会有风声吹过，在你的耳畔鸣响，如果你用心倾听，那是鸟的声音，有百灵、乌鸦、黄鹂、麻雀，还有喜鹊、野鸡、斑鸠以及苍鹰，你听到的可能是百灵鸟婉转的鸣叫，也可能是斑鸠浑厚的叫声，甚至你听到的各类鸟鸣，也许是来自地底的声音。我知道，这些声音，是沉睡在土地之下的鸟们发出来的。

也许，有时你听到的不是鸟鸣，而是鸟的哭泣。鸟会哭泣吗？我想会的，那只被弹弓击落坠地的白颈鸦，在无助的挣扎中，发出的微弱的鸣叫，不是哭泣又是什么呢？

我起初并不认为鸟会哭泣，后来听到了鸟在死亡之前的鸣叫，我就固执地认为，鸟是会哭泣的。是的，鸟会哭泣，只要你用心倾听。

三

鸦科鸟类，似乎名声都不太好。当然，除了喑哑的鸣叫声让人们对它们产生一种偏见外，它们食用腐肉，也是人们歧视它们的原因。因此，人们把鸦科鸟视为不祥之物，拒于千里之外。

白颈鸦食性很杂，除了农作物等植源的种子外，它们也食用昆虫、爬行动物、鸟蛋等，也吃腐肉，甚至到垃圾堆去捡拾残羹剩饭。在乡村，人们把白颈鸦也当作乌鸦，给予歧视。乡村人看到它们，总是轰撵辱骂，恨不得抓住摔死。

但是，人们却忽视了白颈鸦的优点。严格说，白颈鸦也是益鸟，它们吃很多昆虫，且都是害虫。就是它们吃的腐肉，也可以净化周围的空气，只是人们忽略了它们的优点，放大了它们的缺点而已。

比如，白颈鸦警惕性很高，常与人类保持比较远的安全距离。只要超出安全距离，它们就会惊慌而逃。于是，人们就说："这鸟，胆子小，怕死。"其实，白颈鸦胆子很大，它们甚至敢于挑逗大型猛禽。

我曾经在乡村的山坡上，看到几只白颈鸦在耍弄一只大型的鹰，也可能是一只雕。先是一只白颈鸦追着一只鹰，在鹰的头顶飞，然后用翅膀去扇鹰的头部。也可能是鹰大度，也可能是鹰没有把它放在眼里，不愿意理它。但后来的情景让我吃惊，我看到从树林里飞出五六只白颈鸦，“哑哑”地叫着向鹰扑了过去。有的在鹰的头顶上飞，有的在鹰的背部飞，有两只追着鹰的尾巴飞，并不停地用翅膀拍打着鹰，直到那只鹰把它们甩开飞走。

只是，家乡的乡亲们无缘看到勇敢的白颈鸦。如果他们看到白颈鸦耍弄鹰的情景，就不会说白颈鸦胆子小了，更不会说白颈鸦是怕死鬼了。其实，白颈鸦之所以胆小，与我们长期歧视、轰撵它们有关。小小的白颈鸦，面对的是强大并带有敌意的人类。

我常想，如果我们多去了解、关注白颈鸦，就会发现这种鸟很可爱。比如，白颈鸦捕鱼，也是很有趣的。

2008年春天，清晨起来，我去白河边散步，在一片沼泽里看到几只白颈鸦。白河原本是没有沼泽的，但春天河水下降，靠近岸边有一片长满水草的浅水滩，几只白颈鸦在那里觅食。说是浅水，其实很多地方已经没水了，只有水草。白颈鸦就站在水草上，眼睛盯住水面，盯着盯着嘴就伸进水里，那速度很快，只是瞬间就看到它嘴里叼着一条小鱼，然后扬起头，把小鱼吞进腹中。

有一只白颈鸦，在水里站了很长时间，竟没有抓到一条小鱼。可能是急了，它看到另一只白颈鸦抓到一条小鱼，就上去抢食，跑过去刚啄了一下，那条小鱼就被吞了下去。它有点失望，慢腾腾地离开了，换了一个地方，盯住水面。终于，它捉到一条小鱼，可能是还没有吃到美味的小鱼，它吞鱼的速度很慢，那条小鱼已进入腹内了，它好像还在吧咂着嘴品味。然后，呼扇了一下翅膀，“哑”地叫了一声，是高兴，也好像是在炫耀。

作为一种鸟，它们的生活习性是基因遗传形成的，是无法改变的。大自然造就万物，是相互均衡、相互调剂，是符合自然规律的。我们不能因为它们身上的缺陷去歧视它们，更不能把我们人类的主观意识强加在它们身上，这对一只鸟来说，是不公平的。

四

我眼前的白颈鸦，还在树枝间穿梭，它们在树枝上伸颈鸣叫。偶尔从树枝间飞下来，在长满青草的林地迈着缓慢的步子，很认真地寻找食物。我觉得，它们可能就是以前我见到过的那些白颈鸦的后代。它们不急不慢的步子，多么像它们已经逝去的前辈。

一只白颈鸦，就那么在林子里的草地上走来走去，有时候它会停下来，在草丛里啄一下，然后仰起脖子。似乎是一条虫子，或者是一粒草籽，顺着它仰起的脖子进入腹内。还有些时候，它就站在那里，一动不动，看着远方。它在想什么，或者看什么，我不知道。我只知道，它那茫然不知所措的样子有点孤独。

走出单位的院子，我向河边走去。它看到我，忽闪忽闪翅膀，向前边飞去，它飞的方向正是我要去的白河边。白颈鸦飞走了，我心里有点空落落的，不知道为什么，总觉得，在清晨，一只鸟，是多么的孤独。

我在白河边，在一片空旷的草地上，又看到那只白颈鸦，也许是另外一只白颈鸦，但我希望它是我在林子看到的那只白颈鸦。因为，在偌大的白河边，只有一只白颈鸦。我想，它应该就是我刚才看到的那只白颈鸦。

它也看到了我，停下脚步，静静地望着我，好像是看到了曾经的朋友，没有了它特有的惶恐。我也一动不动地站着，我怕我不经意中弄出的响动让它落荒而逃。看到我没有对它构成威胁，就低下头，开始不紧不慢地觅食。

偌大的白河，空荡荡的，水面上，有几只白色的鹭鸟。白河原来是没有鹭鸟的，起码以前我没看到过，能看到鹭鸟，心里就有一种说不出的感动。也许，现在是几只鹭鸟，再过些天就变成了几十只，甚至数百只鹭鸟。有鹭鸟做邻居，足以说明，白河的水是没有污染的，是清澈的。生活在青山绿水间，是多么的诗意。

我又想起了那只白颈鸦，回过头看，那只白颈鸦还在草地上，还是那么不紧不慢地寻觅着。突然我就想，也许这只孤独的白颈鸦，并不孤独。因为它知道，它的同伴正在路上，说不定，过一会儿，几只或者几十只白颈鸦会突然从天而降，来到它的面前。

谁说不是呢？就像我，此时此刻，正一个人孤独地在白河边溜达，再过几分钟，白河边上，就会来一群晨练的人。我这样想时，看到几个穿得花枝招展的女子嘻嘻哈哈地向我走来，咯咯的笑声，惊飞了河里的鹭鸟，扑棱棱掠过水面，飞向天空。

那只白颈鸦，呼扇了两下翅膀，终于没有飞走。孤独的生活，使它对喧嚣有了一种渴盼。

金翅雀：*身无彩凤双飞翼*

春天刚来，桃花就开。人们说：今年的桃花开得有点儿早，我倒不觉得，每年的这个时候，桃花也早早地开满园，只不过是早几天晚几天的事，季节赶着呢。

前些年，单位的楼前楼后都是桃园，站在楼上，抬眼就是花海，一片片桃花开得烂漫，粉的红，紫的红，白的红，让人眼花缭乱。最近两年，李宁体育园征地，那上千亩桃园，桃树被砍掉，建成了各种各样的球场，网球、足球、排球、篮球，球场的附近，种上了草，球场和草坪，转眼间就替代了桃园。

我们单位就在李宁体育园中间，不知是出于何种考虑，李宁体育园保留了两片桃园，紧邻着我们单位，楼前一片桃园，大概四五十亩；楼后一片桃园二三十亩的样子。可能是为了美化环境，临着白河的这两片桃园就保存了下来。每年春天，桃花绽放，看桃花的人来了一拨又一拨，很是热闹。

金翅雀

桃花开时，鸟就多了起来，麻雀、喜鹊、啄木鸟、绣眼、金翅鸟、戴胜鸟、燕子、斑鸠，各种鸟走了又来，来了又走，鸟鸣声不断。白河里还有鹭鸟、野鸭等水鸟，许多小孩子不看桃花，专看鸟。城市里的小孩儿，能看到这么多的鸟，怕是不多，也只有我们南阳。

看多了桃花，就没了新鲜感，每年桃花开与不开，我已不大留意。突然有一天，就看到了满园绽放的桃花；突然有一天，又看到满地凋零的花瓣。就觉得，日子过得真快，转眼间，桃花开了又零落。

桃花开的那几天，我在为一本内部刊物编稿，长时间待在电脑边，感觉有点疲劳，就站起来伸懒腰，活动活动身体。就在这时，一阵“叽叽喳喳”鸟鸣声传来，敲打着我的耳膜。我打开窗子，看到两只鸟在桃园花瓣间蹦蹦跳跳，每次跳动，都会留下一串鸟鸣，随着风透过窗子，在我的耳边萦绕。

两只娇小玲珑的鸟，身着黄绿色的羽毛，长着粉红色的小嘴，肩部、背部为栗褐色；尾巴上的羽毛是灰色，尾羽基部呈鲜明的金黄色，十分可爱。阳光下，它们呼扇着翅膀低飞时，翼端金黄色的羽毛在光线的照射下，闪着熠熠的光泽。

鸟是一对金翅雀，那闪闪发亮的金黄色光泽，就是它们独特的标志。这是一种久违的鸟，在我们这里，能看到几十只金翅雀，已是很多年前的境况了。我大概有十多年没有看到这种鸟了，现在突然看到它们，心中有一种说不出的惊喜。

阳光很好，暖洋洋地照着桃园，绚丽的花瓣，红得剔透。金翅雀前一只后一只，在树枝上跳跃，每次弹跳，都有花瓣坠落，纷纷扬扬。美丽的花，生命是那么短暂，刚开几天就开始凋零，脆弱得经不起一只鸟的弹跳。

走在前边的，是一只雄鸟，羽毛艳丽，背部褐色，腰金黄色，尾羽黑色，翅膀黑色并点缀金黄色斑，腹部灰黄色；而后边的那只，应该是雌鸟，体色虽说没有差别，但颜色略显黯淡。我有点想不通，在鸟类，那些鲜艳亮丽的鸟，多是雄性，而雌性鸟，大都灰土吧唧的。比如孔雀，开屏的是雄鸟，七彩斑斓。这与人类不一样，男人的穿着打扮色彩单一，式样呆板，女人则光鲜靓丽，花枝招展。

那只雄鸟，不停地在树枝上跳跃，不经意间，就看到它的嘴里衔着一片花瓣，一只鸟衔着一片花瓣，显得格外耀眼。雌鸟看到雄鸟嘴里的花瓣，可能是羡慕，或者是撒娇，跑上去就啄，雄鸟一扭头，雌鸟啄了空，就继续啄雄鸟嘴里的花瓣。雄鸟跳到另外的树枝上，雌鸟不依不饶，“吱吱”叫着，紧追不舍。

这是一对恋爱中的鸟，或者是新婚的鸟。它们是那么亲昵、浪漫、羞涩，与热恋的男女没有什么区别。看着它们幸福的样子，青春年少时的初恋记忆便浮现在眼前。我突然就有一点嫉妒、羡慕、向往。

在树上跳跃了一阵，两只鸟飞落到草地上，刚开春，很多草还在睡眠中，只有很少的草刚刚醒来，伸出嫩黄的芽，掩映在枯萎的荒草丛中。那只雄鸟，在草丛中不紧不慢地寻觅着，似乎是在寻找一粒草籽，或者是在寻找一只醒来的昆虫。雌鸟则蹲在一边，看着雄鸟在草丛中走来走去，一脸的幸福。

许是捡到了一粒草籽，雄鸟很兴奋，尾巴一翘一翘屁颠颠地走向雌鸟，把嘴里的草籽送到雌鸟面前，雌鸟伸出嘴巴，那粒草籽就到了雌鸟的嘴里。雌鸟伸了伸脖子，“叽叽喳喳”地叫了几声，似乎是表示感谢，或者是夸奖雄鸟心疼老婆，于是，雄鸟也“喳喳”回应了几声。

雄鸟受到老婆的夸奖，又屁颠屁颠地在荒草丛中寻觅，不时地用嘴在草丛里啄一下，可能不是草籽，雄鸟有点失望，愣怔了一下，看了一眼雌鸟，又开始寻找。终于找到一粒草籽，雄鸟衔着草籽，转向雌鸟，可它刚抬起腿，就被一根纤细柔软的草茎缠住了腿，它被绊得趔趄了一下。它再次抬腿，依然无法挣脱草茎的束缚，雄鸟被一根柔韧结实的草固定在那里，无法脱身。

雄鸟“叽叽喳喳”地鸣叫起来，声音有点急促，带着一丝惊恐。听到雄鸟的鸣叫，静静等待的雌鸟，似乎感到雄鸟的危险，一溜碎步来到雄鸟跟前，喳喳两声，像是在安慰雄鸟，然后开始用嘴猛啄缠在雄鸟腿部的草茎，一下两下，不停地啄，可那根草茎太结实了，那根草依然缠在鸟的腿上，雄鸟怎么也挣不脱。

也许那不是一根草茎，而是几根草茎，若是一根草茎，早就被啄断了。在桃园里，生长着一种我叫不上名字的野草，草的叶子长达尺余，干枯后柔韧结实。隔着十几米的距离，我无法看清，是不是那种结实的野草。但我能清晰地看到，雄鸟呼扇着翅膀抬腿挣扎的景象。

雌鸟并没有放弃，它换了个方位，继续不停地啄着，雄鸟也低下头在自己的腿上啄，只是它与那些草茎还有距离，总是啄空。雄鸟有点烦躁，不停地挣扎，发出“吱吱”的鸣叫。雌鸟看起来很镇定，不紧不慢地啄着那根草茎。终于，草断开了，雄鸟抬起腿弹了弹，好像是在活动被野草缠得有些麻木的腿，然后跟在雌鸟的身后，一溜小跑离开了草丛。

可能是感到了草地的危险，两只鸟飞上了树枝，站在树枝上，“叽叽喳喳”地鸣叫，声音洪亮清脆，惊落了片片桃花，那些飘落的桃花，姿势优雅又伤感。

我长长地出一口气，揪着的心放了下来。其实，这样的情景，对于鸟来说可能时不时就会出现，但我们无缘一见。我为这只鸟感到庆幸，那是一些草茎，如果是一张网呢？也许，这只美丽的金翅雀就没有那么幸运了，等待它的结局，将是凄惨的。

要说幸运，我觉得我也是幸运的，我在不经意间，看到了这令人感叹的一幕。是的，有谁还看到过一只鸟解救另一只鸟的过程呢?

乡间有俗语说：“夫妻本是同林鸟，大难临头各自飞。”从这对金翅雀身上，我看到的是在危难之时，鸟的义无反顾。它们可能是夫妻鸟，也可能是热恋中的鸟，抑或是一对朋友鸟，不管是什么鸟，在同伴危险来临时，它没有飞走，而是挺身相救。雌鸟的行动告诉我，对于鸟的错误解读，只能是我们人类的主观臆想。

那对鸟还在桃花丛中穿梭，刚才的危险似乎已经忘却。也可能是那些美丽的桃花，让它们留恋，不忍离去。

我走出办公室，向桃园走去，春风徐徐，阳光明媚。隔着铝合金栅栏，我看见满园桃花缤纷，一对金翅雀飞舞。

鸟 语

一

我一个人看鸟。在乡村，无所事事时，看鸟是最好的选择。你看鸟，其实看的是鸟的色彩、鸟的美感。你看鸟，其实是听鸟，鸟婉转的叫声，牵动着人的心弦，让人的心不停地悸动，听鸟的人，能听得心动，谁不愿意听呢？你听鸟，其实是想听听鸟说的什么。很多人希望能听懂鸟的语言，可很多人却听不懂鸟的语言。能听懂鸟的话，这人也许前世就是一只鸟，所以才能融入鸟的世界。

能听懂鸟语的人，注定是一个不同凡响的人。我就是那个整天做梦，想着不同凡响的人。村庄里到处是树，鸟的家就安在树上，树枝是它们高大的舞台，鸟天生就是演说家、歌唱家、鼓手。它们"嘀溜溜"地叫着、唱着，无忧无虑，自由自在地出入林间。鸟有时候会落在房顶上叫，有时候落在院子里，像是一个个流动的音符。到处都是鸟鸣，听得人心花怒放，听得人有放声歌唱的冲动。可是我，有时候怎么也听不懂它们在说什么。

懂与不懂，对于人来说并不重要。鸟在说话，鸟说鸟语，花能听懂；蝴蝶、流水、翩翩起舞的树叶能懂。鸟与自然的交流，就是用它们的歌声，这已足够了。

人若能听懂鸟的话，那就再好不过了。很多人喜欢听鸟鸣，听它们说话，试图走进鸟的世界，想弄懂鸟的语言。我就是那个喜欢听鸟语的人，空闲的时候，就仰着脸，听它们倾诉，或说说情话，或诉诉怨恨。

我喜欢一个人在山野里，只有鸟声的地方——听鸟。村庄太嘈杂，人说话声，狗吠声，牛哞声，羊咩声，还有鸟杂乱的鸣叫。村庄太拥挤，鸟在拥挤的空间里蹲着，那么多的鸟，你一声它一声，扯着嗓子叫着，分不清是哪只鸟在叫。有时候是几只鸟鸣，有时候是几十只鸟大合唱，还有的时候是几百只混乱的交战，耳朵里都是“唧唧溜溜”的鸟鸣声，分不清哪只鸟在说话，哪只鸟在哭，哪只鸟在笑。你若不相信，可以去到乡村，听听百鸟齐鸣。我相信，你和我一样，也会听得一头雾水。

一个早晨，我看到房后的一棵树上有两只翠鸟，它们萎靡不振，似睡非睡，似醒非醒，有一搭没一搭地叫着。一只鸟“唧”一声，另一只鸟也“唧”一声。我仿佛听见一只鸟对另一只鸟的叹息。停了一阵，一只鸟“唧唧”两声，另一只鸟回应着它的同伴。一只声音低沉地说：我饿，另一只鸟说：我也饿；一只鸟“唧唧——唧唧唧唧”几声，另一只鸟也“唧唧——唧唧唧唧”几声；一只鸟说：走吧，找条虫吃，另一只鸟就说：好吧，找条虫吃。于是，两只鸟说着话，向山野飞去。

在乡村，能遇到这么宁静的早晨，能遇到两只鸟不容易。乡村的早晨，总是在一阵阵的鸟叫声中醒来，在狗的吠声中醒来，在人的吆喝声中醒来。一个村庄在一个早晨沉睡，是不多见的。一个村庄在一个早晨听到两只鸟对话，也是不多见的。

青少年时代，我喜欢在山野里听鸟的鸣叫。那时候山野很静，风呼呼穿过树梢，树枝簌簌地响着，撩拨着心弦，鸟“叽叽喳喳”唱着什么。这个时候，坐在一块石头上，看鸟和听鸟，是一件惬意的事情。你可以选择一只鸟，也可以选择两只鸟，静静地听它们说话。如果你想热闹，可以选择一群鸟。当然，选择一群鸟，它们七嘴八舌，乱说一气，你听不出个所以然来。最好是两只鸟，听它们的对话，很有意思。

很多年前的春天，我听到两只百灵鸟的对话。那是两只年轻的鸟，像是在谈恋爱。它们蹲在树枝上，肩并着肩，样子很亲昵。一只鸟“滴溜溜”叫几声，好像在说：我爱你！另一只鸟也“滴溜溜溜”叫几声，接着说：我也爱你！一只鸟“滴滴溜溜”又叫几声，好像是在求婚，它说：亲爱的，我们结婚吧！另一只鸟停顿了一会儿，叫了两声，仿佛有点害羞，说："亲爱的，你若爱我，请赶着你的马车来接我。"

那一年，我正与一个叫蕾的女孩儿恋爱。两只鸟那种亲昵的对话，在我与蕾之间，似乎从未有过。蕾是个腼腆的女孩儿，从来没有对我说过一声"我爱你"，我们总是在坐在山坡上，看一望无际的树木，看黄昏的落日沉入谷底，看美丽的鸟鸣叫着掠过天空。在默默无声中，度过一个又一个美丽的黄昏。

那一时刻，看到树上的那两只鸟，我就想，如果我和蕾是两只自由的鸟儿，该有多么好啊！

蕾是爱我的，爱得很深，她不愿意说出来。可我，因为贫穷，因为自卑，没有勇气说出那句话。我们就这样，在山野里，看鸟飞来又飞去，看黄昏和落日重叠的影子。

看着看着，蕾就走了，去一个很远的地方，一个我不知道的地方。记得蕾走的那天，她哭得很伤心，肩膀一耸一耸的，哭得我心里一阵酸，一阵疼。蕾哭着哭着，便穿过一条小路，趟过一条河，消失在我的视线中。

多年以后，我孤零零一个人，走在记忆中的山坡上，寻找蕾的影子、蕾的气息。我看到的，只有落叶和回忆。蕾像一只鸟，出现后消失，消失后再次出现，重重叠叠的蕾，在我的眼前飞来飞去。

蕾是一只鸟，一只从我眼前飞走的鸟。

至今，我依然喜欢鸟。看到鸟，会想家乡的山坡上，那个长发披肩的少女，像一只小鸟，在我的身边叽叽喳喳；看到鸟儿，我总是驻足，看它们在树上、草地蹦蹦跳跳，听它们优美地歌唱，直到它们飞入云层，消失在我的视线里。

二

人是会想起一些事情。那些刻在记忆里的事情，装在心里的事情，融入脑子里的事情，时不时就会出现在眼前。每次走进山坡，看到一棵树、一块石头、一只鸟，沉睡在心中的那些久远的往事，瞬间苏醒。

总是想起蕾，想起我和蕾坐过的石头，看过的树，见到的鸟。那块石头没有了，但长石头的地方还在；看到的树被砍伐了，但长树的那面山坡还在；见到过的鸟早已飞走了，可鸟蹲过的那片草地还在。走在山坡上，往事历历在目。

我和蕾去过的很多地方，现在早已被岁月改变了模样。只有一片柞树林，历经风雨变迁，至今依然。当年胳膊粗的树，现在有的已经大腿粗了。可我感觉那片林子还和以前一模一样，其中的一棵树，那时候已经大腿一般粗，现在还是大腿般粗，好像很多年没生长一样。

这片林子，有着我太多美好的回忆，我和蕾第一次看鸟，就是在这片林子里。

蕾是个喜欢小动物的女孩儿，她小镇的家中，养着猫狗，还有鸟。他父亲养鸟，有画眉、八哥，除了做生意，就是摆弄他的鸟。受父亲熏陶，蕾很小就养鸟，她养的是一只八哥，没事就教八哥说话，她教八哥“床前明月光”，教它“春眠不觉晓”，八哥一句也没学会。可她父亲养的八哥却说脏话，不教就会。八哥说脏话，蕾就不想养八哥，想养一只百灵鸟，蕾想让我帮她捉一只百灵鸟。

那天天气很好，云淡风轻，我和蕾走在山野里，蕾的长发在风中飞扬。淡淡的香水味一阵阵袭来，让我陶醉。年轻的蕾，青春飞扬，像一只快乐的百灵鸟。看着蕾，我就想，如果一生就这样走在山坡上，是多么浪漫的生活。

走到一片林子边，突然传来一阵“笃笃笃”的声音，我和蕾抬起头，林子里的一棵老柞树上，一只啄木鸟正在树上捉虫子。啄木鸟很专注，不停地啄着树皮。啄了一阵，啄木鸟仰起头，嘴里叼着一只白色的虫子，脖子一伸，那条虫子就被吞了下去。

虫子是天牛的幼虫，乳白色，半透明的蠕虫。这种虫子也有红色的。天牛的幼虫种类比较多，柞树、槐树、杨树等很多树都有这类虫子生存。它们多在树上蛀洞，木屑从蛀洞排出。看木屑，就知道那里有虫子。天牛因种类不同，从幼虫到成虫，需要几天或者一两个月，甚至半年。生长在柞树上的幼虫，可以在蛀洞里生存七八个月，对树木有一定的危害性。但天牛的幼虫是一种美味，我们家乡就有吃天牛幼虫的习惯，高蛋白，无脂肪，味道极佳。天牛幼虫不仅是美味，而且还具有活血、去瘀、通经络的功效。

这样的美味，啄木鸟是很喜欢的。当然，啄木鸟捉的天牛幼虫，人们是不吃的。只有柞树里的天牛幼虫，人们才食用。走在山坡上，经常可以听到从林子里传来一阵阵的“笃笃笃”声，生活在乡村的人们，听到这样的声音，就知道是啄木鸟在捉虫子。

可能是第一次看到啄木鸟，蕾感到好奇，她问我：“这是什么鸟？”我说：“啄木鸟。”蕾说：“刚才那是什么声音？”我说：“啄木鸟啄树皮的声音。‘笃笃笃’很好听。”

蕾似乎对声音很敏感，说：“像是锤子敲击棍子的声音。你听，声音悠悠的，带着颤音。不是‘笃笃笃’声，应该是‘哪哪哪’声，是一种坚硬的物质敲打另一种坚硬的物质发出的声音。”我说：“应该是‘笃笃笃’的声音。”蕾很固执，说：“只有‘哪哪哪’这样的声音，才能感受到撞击的力量，才是一种美妙的音乐。”

突然，从前面传来一阵“唧喳喳喳——唧喳喳喳”的鸣叫声，声音紧凑响亮。再看那只啄木鸟，早已跳到树梢上，仰着头不停地鸣叫。蕾说：“啄木鸟吃饱了，看它多高兴。”我说：“你知道啄木鸟刚才说什么吗？”蕾说：“你能听懂吗？”我说：“我知道它在说什么，它在说，我吃饱了，我吃饱了。”

蕾听了听，笑着说：“还别说，真有点像。”我对蕾说：“鸟其实和人一样，都需要用语言表达自己的感受，鸟与人不一样就在于人说话，鸟鸣叫。啄木鸟吃了那么多虫子，当然高兴。于是它就说，我吃饱了，我吃饱了！”

蕾笑笑说：“你知道的还不少呢！”我说：“我是山里人，经常和这些鸟在一起，当然就知道一些。哪像你，生活在镇子里，见到的也就是麻雀和喜鹊之类的，你当然不知道了。比如狼，如果是仰天长啸，那很可能是它闲得没事干在唱歌。如果狼见到人发出低沉的‘呜呜’声，就是向人发起攻击的警告。”

说到狼，蕾就有点恐惧，慌忙走到我跟前，很紧张地问我：“山里有狼吗？”我说：“有狼，但很少见。”蕾说：“我们不会碰见狼吧？”我说：“不会。就是碰见了，不是有我吗？”其实，要是真的碰上狼，我自己也不知道能不能制服一匹狼。但我说的是实话，如果有一匹狼攻击我们，我一定不会让狼伤害蕾的。

蕾要的百灵鸟，当然没有捉到。百灵鸟很难捕捉，不像麻雀，傻傻的，它钻到墙洞里，人搬个梯子，捂着洞口，一逮一个准。

百灵鸟的巢大都在荒山野岭，人还没走到巢前，鸟就飞走了。如果养一只小鸟，还是很容易弄到的，但我没告诉蕾。我原本就没有打算给蕾抓只百灵鸟，我知道，抓不到百灵鸟，蕾就会陪伴在我的身边。

三

在乡村，每一个人都不能小瞧，哪怕是一个走路一瘸一拐的人，哪怕是一个瞎了半只眼的人，或者是一个丑陋无比的人。他们看上去其貌不扬，但很可能就是一个身怀绝技的人。这是我父亲对我说的。

我们村子里，确实有很多身怀绝技的人。郭铁匠制作的铁器，淬火是一绝，打制出来的农具，样样精致耐用，方圆数十里，提起郭铁匠，没有人不说好的；酿酒师傅老陈，也是十乡八里出了名的，他酿造的酒，香气纯净，细致柔和，很受乡人的喜爱；锻磨匠姬老八，常年行走乡村，谁家磨盘上的齿槽磨平了，咬合力下降，磨面时速度变慢，就请姬老八锻磨。姬老八锻的磨耐用。因此人们说："宁可多花仨，也找姬老八"；还有木匠、剪纸、唱曲等艺人，都是靠一门技艺吃饭。

在老家众多的匠人中，我最佩服的是乔新中，如果他也算匠人的话。乔新中是复员军人，会做枪，但乡村没有制枪匠这一说，所以，他能不能算作匠人，我也说不清。乔新中做的枪是土枪，打火药的，装上火药、铁砂子，一枪下去，能覆盖碾盘大的地方。乔新中不仅会做枪，枪法也很准，出门打猎，从不空手。

仅仅如此，乔新中也不能让我佩服。我之所以佩服乔新中，是因为他懂鸟语。在乡村，懂鸟语的人不多，乔新中就是一个。他上山打猎，只打野兔、野鸡、野猪，狼虫虎豹他不打。乔新中说："大动物有灵性，是不能打的。野兔、野鸡、野猪本身就是一盘菜。"但我从没见他打过野猪，他打得最多的是野鸡。只要乔新中上山，总要弄回来一两只野鸡。

村里的人说：乔新中打猎时用鸟语招引野鸡，只要乔新中学几声野鸡叫，野鸡就会循声而来。不然，就是再好的枪手，也不可能每次都能打到野鸡。就连他老婆马大妮也是这样说的，还给他起了个外号："野公鸡"。

乔新中不仅能打野鸡，还能赤手捉野鸡。活捉野鸡，大都是在冬天。每年冬天，大雪覆盖山野，大地一片洁白，这样的日子，是逮野鸡的好时候。冬天里，气温较低，野鸡飞行困难，大都是呼扇着翅膀在雪地里奔跑。看到野鸡，就大声吆喝，野鸡一旦受惊，就会在雪地里乱窜。最好是几个人一起，围追堵截，吆喝轰撵，野鸡被赶急了，就会顾头不顾尾，把头钻进雪堆里藏起来。这时候，会很轻松地捉到一只野鸡。乔新中用这种方法，捉到很多野鸡。

有一次我带蕾去乔新中家玩，看到一只半大的野鸡，红头绿尾巴，羽毛亮闪闪的，蕾喜欢得不得了，想把那只野鸡带回去养。蕾是个讨人喜欢的女孩儿，马大妮看到蕾，喜欢得脸都笑成了花。蕾想要野鸡，马大妮很爽快地把那只野鸡送给了她。

我曾经和乔新中一起打过猎，说是打猎，其实也就是凑热闹，比起乔新中，我那两刷子差远了。我问他是不是会鸟语，他笑笑没有回答我。乔新中说：“打猎的人，既要用眼睛，更要用心。用眼睛是看的，用心是琢磨的。”

那天我们转了几架山坡，既没看到野猪，也没看到野兔，野鸡连根毛都没看到。我有点垂头丧气。乔新中看我有点失望，就对我说：“不管干什么事，要有耐心，打猎也是。没有耐心的人，是干不成事的。”

我们转到南山洼，那里有一片密密麻麻的柞树林，乔新中在柞树林子里转了一会儿，用手捂着嘴，“咕咕咕”叫了几声，停了一阵，又叫几声。不一会儿，就听到不远处有野鸡的叫声。我们循着野鸡的叫声悄悄溜过去，看到两只野鸡在草地上觅食。两声枪响后，两只野鸡一死一伤，费了好大劲儿，才捉着那只受伤的野鸡。

回家的路上，乔新中对我说：“野鸡有一个致命的地方，就是喜欢唱歌。在大山里，你常常会听到‘咯咯’的声音，不用猜测，是野鸡的叫声。如果你听到尖锐的‘咯咯’声，那一定是你惊动了野鸡。在野鸡繁殖的季节，雄鸡在天刚亮时，会发出‘克——多——多’欢喜清脆的啼鸣声。很多猎人，就是借着野鸡的叫声，辨别方位，然后捕杀野鸡。我刚才的叫声，是春天公野鸡发情的声音。”

我看了看那两只野鸡，还真的都是母野鸡。乔新中说：“学着公野鸡叫几声，母野鸡听到后，会回应几声。这样你就能循着声音找到野鸡。”听了乔新中的话，我忍不住想笑。他老婆马大妮说得一点不错。乔新中就是一个“野公鸡”。

乔新中看到我笑，问我：“你笑啥哩?”我说：“不笑啥。”乔新中说：“人就是人，鸟就是鸟，人怎能听懂鸟的语言呢？只要你掌握了鸟的习性。其实你就大致懂得了鸟的语言。所以我说，打猎一是用眼睛看，二是用心琢磨。”

我想也是，人是听不懂鸟语的，没有人知道鸟说的是啥。

四

鸟是乡村的精灵，乡村大地上，到处都是鸟的影子，麻雀、百灵、斑鸠、云雀、鹌鹑、喜鹊、啄木鸟，它们成群结队，出没在天空、村庄，山野、农田。它们美丽的身姿，无处不在。鸟是乡村的歌者，乡村的山野，不论是一棵树，还是一片草地，都是鸟的舞台，你走到哪里，哪里就有鸟的歌声陪伴。

我一直认为，乡村是最美最宜居的地方，没有城市的污染，没有城市的喧嚣，没有城市的拥挤。当城市充溢着机器轰鸣声、汽车喇叭声、嘈杂的吵闹声和“砰砰擦擦”音乐声时，乡村一派宁静，有的是风的声音、流水的声音、牛哞羊咩声和鸟鸣的声音。在很多时候，还有一种声音，就是鸟鸣。这曼妙的音乐，只有乡村才有。听着鸟声长大，听着鸟声终老。生活在城市里的人，是无法体验和享受的。

在乡村，最美的去处是山野，坐在树荫下乘凉，躺在草地上打滚，仰着脸看鸟。我青少年时代，常常流连于山野，在弥漫的花香里，看飘逸的云朵，听鸟的歌唱。

蕾曾经说："你成天在山里游荡，以后干脆把房子建在山坡上吧，出门是山，仰脸是天，听听鸟叫，看看兔跳，做一个快乐的光棍汉吧！"我说："我一个人住在山野里，太孤独了，你来陪我，等我有钱了，就把房子建在山坡上，没事在山里转转，赏赏花草，闻闻花香，再养几只鸟，这才是真正的世外桃源，你去哪里找？"蕾说："跟着你喝西北风啊！"

蕾要的百灵鸟，我一直没有捉到。成年的百灵鸟，很不好养，我也曾经养过百灵鸟，但都没有养活。我想抓两只云雀，就是我们家乡说的野百灵。我在山坡上找到一窝幼鸟，四只小鸟。我想，等到鸟快出窝时，抓两只送蕾。这种半大的鸟，好养。

云雀的体形及羽色略似麻雀，多生活在山地，以植物种子、昆虫等为食，常集群活动；繁殖期雄鸟鸣啭，洪亮动听，是鸣禽中少数能在飞行中歌唱的鸟类之一。飞行时姿态优美，能悬停于空中，不停地鸣叫。

在我们家乡，云雀有一个很难听的绰号："日妈鸟"。如果人们拿了它的鸟蛋，端了它的鸟窝，或者是捉了它的儿女，它就会气急败坏，在鸟巢的上空盘旋，不停地鸣叫，叫声急躁，听起来特别刺耳。

仔细听，那优美的鸣叫，变成了难听的骂人声。因此，人们把野百灵叫做“日妈鸟”。

蕾是在春夏之交的一天找到我的，穿一身红色的衣裤，长发及腰，走起路来袅袅婷婷。我总觉得，蕾是一个长不大的女孩儿。她到我家时，放下自行车，拉着我就往山坡上走。我顺手掂起一只鸟笼。走在路上，蕾告诉我，她的那只八哥死了，乔新中老婆马大妮送她的那只野鸡，被她爸当了下酒菜。说着说着，眼泪就往下流，很伤心的样子，弄得我的心里提溜溜的，眼睛酸酸的。

我告诉她，我已找到一窝云雀幼鸟，快出窝了，弄两只回去，比你那只说脏话的八哥好多了。蕾问我：“云雀好看吗？”我对蕾说：“云雀跟麻雀差不多，但云雀鸣叫声格外好听，虽说云雀长得不算华丽，但鸣声婉转，歌声嘹亮，很多养鸟人都很喜欢。”蕾听了，很高兴地说：“只要叫声好听就行，养鸟，就是听鸟叫的。”

去看鸟时，我还担心，那些幼鸟是否长大，如果太小的话，怕养不活。到了鸟窝边，四只小鸟都在窝里，鸟窝太小了，有的鸟就蹲在窝外边。再看那些小鸟，身上的绒毛已经快褪干净，只有背部还有少许绒毛。这样的小鸟，三五天就可以跟着母亲飞了。

蕾看到小鸟，喜欢得不得了，想把四只鸟都带走。我挑了两只大一点的鸟，放进鸟笼。我对蕾说：“留下两只吧！不然，鸟母亲会伤心的。”蕾说：“好吧！留下两只小鸟，鸟母亲心里好受些。”

我和蕾提着鸟笼正准备走时，天空传来一阵阵急促的鸟鸣声。我抬起头，看到一只鸟在鸟窝的上空上盘旋，“嘀呖呖——嘀呖呖”的鸣叫声此起彼伏。我对蕾说：“鸟母亲在骂我们哩!”蕾说：“鸟还会骂人吗?”我说：“会的，我们抓了它的儿女，它就会骂我们。”蕾好奇地说：“它怎么骂我们呢?”我说：“骂得很难听，你不听最好。”蕾说：“没听说鸟还会骂人，你骗我吧!”

我告诉蕾，在乡村，云雀也叫“日妈鸟”。人们抓走了它们的子女，或者是捣毁了它们的鸟窝，它就骂人。蕾说：“你说说嘛，到底是怎么骂人的?”在一个女孩面前，我说不出口，我告诉蕾，云雀生气时，就骂“他妈的”。

蕾仰着脸听了一阵，笑着对我说：“这鸟也真有意思，你还别说，骂得还真像。”蕾说完，捂着嘴大笑起来。

我对蕾说，鸟和人一样，也有七情六欲，喜怒哀乐。高兴时，叫声响亮清脆，不高兴时，叫声低沉尖利。只要你掌握了鸟的习性，你就听懂了鸟的语言。我把乔新中说给我的话，在蕾的面前卖弄了一回。

蕾说：“你是个鸟人啊！懂的还不少哩!”我说：“鸟人是骂人的。”蕾大笑：“这也是骂人啊？那就骂你一次。”

五

乡村是鸟的世界。也许见过太多的鸟，听过不同的鸟鸣，鸟对于乡村人来说并不稀奇。在乡村，很少看到有人养鸟。喜欢养鸟的人，大都是小孩儿，对什么都感到新奇，总想尝试。我小时候就喜欢养鸟，每年都要养几只鸟玩。但养鸟并不是一件容易的事，很多鸟养着养着就死了。能养活的鸟，少之又少。我妈看到我养鸟就嚷嚷："养啥鸟？你养那多鸟，养活几只，你这不是害性命吗？"

说实话，养只鸟真的不容易，不仅仅是我养不活，村子里很多养鸟的小伙伴没几个能把鸟养得活蹦乱跳的。养一年鸟，能养活三两只，就能称得上养鸟高手。

在我们村子里，有一个人是个例外，他叫温玉奇。那时候的温玉奇已是三十多岁的成年人，除了干干农活外，大部分时间摆弄他的鸟。为养鸟，他老婆林瑞娥没少和他生气。他脾气好，林瑞娥再吵，他也不顶嘴，一副嬉皮笑脸相。

其实，温玉奇不跟他老婆吵是有原因的。早年，温玉奇家里穷，二十七八还没找到老婆。他认识林瑞娥时，林瑞娥的父母不同意，一是温玉奇家里穷，三间烂草房没有一片瓦；二是他不务正业，整天吊儿郎当，拎个鸟笼子瞎转悠，不像个庄稼人。

温玉奇第一次去林瑞娥家相亲，带的见面礼就是两只画眉鸟。那时候林瑞娥还是个姑娘，看到温玉奇那两只画眉鸟，喜欢得眉开眼笑。林瑞娥的老爹看到女儿愿意，也就没怎么反对。两只画眉鸟，成就了一段好姻缘。

对于林瑞娥的吵，温玉奇早就习惯了。你吵你的，我养我的。其实林瑞娥也就是嘴上吵吵，只要不耽误农活，对温玉奇养鸟睁一只眼闭一只眼。她自己也说："我就是这个命，那年他带给我两只画眉鸟，我就觉得他这个人跟别人不一样，心里就认定他了。"林瑞娥说得不假，尽管家里不富裕，温玉奇也不咋干农活，她就是喜欢他那吊儿郎当的样子。

走进温玉奇家的院子，正门的房檐下，挂了一排鸟笼子。十几个鸟笼里，有百灵，有斑鸠，有八哥，有画眉，乡村有的鸟，他的院子里差不多也有。除了养野鸟，他还养了几十只鸽子。他家的院子里，到处都是鸟叫声，"嘀溜溜，唧唧唧，咕咕咕……"

村里人都说，温玉奇和乔新中是我们村里的两个奇人。也有人说是歪才，不务正业。歪才就歪才，他们不在乎。据说，温玉奇养鸟，从十来岁就开始，和他同龄的孩子，养三五只鸟，能养活一只就高兴得不得了。可温玉奇养三五只鸟，至少养活两三只。他养鸟，从小就显示出他的天赋，说他是奇人，一点没错。

我小时候养鸟总是养不活，就找温玉奇取经，温玉奇总是说，饿了就给它喂食，渴了给它喝水，还说，喂鸟七分饱，不能鸟一叫一张嘴就给它喂食，就这么简单。有时候问烦了，温玉奇就说，你小屁孩儿才养几天鸟，等你养的时间长了，自然就知道怎么喂了。他喂鸟时，我看了，也没啥特别之处，和我们喂鸟差不多。

有几次我去他家，他正在凳子上坐着，听见鸟叫，温玉奇忽的从凳子上站起来说，鸟饿了，就进屋给鸟喂食。他喂鸟时，嘴里不停地学着鸟叫。我们喂鸟时，嘴里也不停地“嘘嘘”着，你一“嘘嘘”，鸟就张开嘴，往鸟嘴里塞几只小蚂蚱就完事了。温玉奇不是，他一次只喂一只蚂蚱或者是一只小虫子，哪怕是鸟再张着嘴叫，他也不会给鸟一点食物。我那时小，看到鸟张着嘴要食吃，心想，这样饿着不喂食还不把鸟饿死了。可温玉奇的鸟，总是很少死，一只比一只精神。

温玉奇没事时，就学鸟叫。他学鸟叫，学啥像啥，还真以为是天上的鸟在叫。我问过乔新中，温玉奇是不是懂得鸟说的话。乔新中说：“也可能吧！这个温玉奇，上辈子是鸟。”

乔新中说温玉奇是鸟托生的，是有依据的。有一年上山打猎，温玉奇凑热闹，跟着乔新中学打猎。他们在山坡上转了大半天，也没有打到一只猎物。在一片山林里，乔新中学野鸡叫，刚叫了两声，温玉奇就把乔新中推到一边说：“就你的那两把刷子，还想招引野鸡，边儿上歇着去吧！看我的！”于是他学了几声野鸡叫，把乔新中彻底征服了。乔新中事后说：“这个温玉奇，比我学得还像，活脱脱就是个野鸡。我哪里是‘野公鸡’？温玉奇这家伙才是真正的‘野公鸡’呢!”

温玉奇养鸟就是玩，很少见过他卖鸟。他养的鸟就挂在院子里的房檐下，没事了逗逗鸟玩。偶尔也有喜欢鸟的人向他讨要，他也送人。不过，不喜欢鸟的人他是不会送的。

好像他卖过一次鸟，20世纪80年代中期，他老婆林瑞娥子宫肌瘤切除，为筹医药费，他一次卖了十几只鸟，又卖了三十几只鸽子，这是他唯一的一次卖鸟。在此之前，南阳的亲戚带朋友去他家玩，看中了他养的百灵，想买一只，他不卖。但走时，他却送了那人一只百灵鸟。他这人，不知道是咋想的。

有一次我带蕾去他家看鸟，蕾看到一只鹅黄色虎皮鹦鹉，喜欢得着了迷，站在鸟笼前不肯离去。温玉奇看到蕾喜欢，就送给了蕾。后来才知道，温玉奇的那只鹅黄色虎皮鹦鹉是一个朋友送给他的，他很喜欢，但他看到蕾喜欢，就送给了她。有一次温玉奇见了我说:“等你跟那妮子结婚，请我多喝两杯。不是为了你小子，我还真舍不得呢!”

温玉奇这个人，咋说呢?你说他好，村子里的人都觉得他吊儿郎当不务正业；你说他坏，他不偷不抢不奸不骗，又能坏到哪里?你说他仗义，他把一只鸟看得比命都重；你说他不仗义吧，他有时候做的事又很仗义。我想，他这个人其实很简单，就是一个爱鸟的人。

六

鸟的语言是很丰富的，每一声鸣叫，都传达着不同的信息。因此，人们根据鸟们的生活习性，喜怒哀乐，赋予它们语言。人们赋予鸟们最丰富语言的是布谷鸟。

布谷鸟，学名杜鹃鸟，体形大小和鸽子相仿，身体细长，上体暗灰色，也有的鸟铁红色，背腹部布满了灰白或红灰相间的横斑，飞行时急速无声。每年芒种前后，在乡村的山野里，几乎昼夜都能听到它们那洪亮的叫声——“布谷布谷，布谷布谷”。因此，乡村人也叫它“催耕鸟”。

布谷鸟的叫声略似“歌歌郭果”，在江南，农民听到叫声，说是催他们割麦插禾；在北方，有人说它在告诉我们早熟早播，更多的人说是播谷播谷。在人们的意识里，布谷鸟就是催耕的使者。

其实，布谷鸟的叫声，根据人们的理解，可以听出很多种不同的含义。当然，不同的心绪，可以听出不同的语言、不同的韵味。北方养蚕时节，黄澄澄的柞蚕爬满了柞坡，布谷鸟来了，“布谷——布谷……”不停地叫着，养蚕人听了，声音就变成了“不够——不够……”养蚕人就骂：“撑死你，还没吃够啊！”

布谷鸟是柞蚕的天敌，布谷鸟的破坏性很大，有的布谷鸟吃饱后飞走了，但也有的把蚕叼伤后，甩在地上不吃，地上到处都是死伤的柞蚕。一只具有破坏性的布谷鸟，每天能杀死数十只柞蚕。因此，养蚕人对布谷鸟恨之入骨，恨不得一枪打死，置之死地而后快。

乔新中就养过几年蚕。那时候的生产队，养蚕不用下地干活，相对比较轻松，而且工分也高。蚕上坡时，由黑色的幼虫变成黄色的幼蚕，大概半月时间，蜕一层皮，进入二眠；再过一段时间，又蜕一层皮，就到了三眠；三眠过后，再蜕皮就是大眠，进入结茧期。

柞蚕进入结茧期，养蚕人就在蚕坡上搭一个蚕庵，蚕庵里放支土枪，几只蚕筐，还有一些简单的被褥。土枪是护蚕的，听到布谷鸟的鸣叫声，养蚕人就掂起土枪在山坡上四下寻找布谷鸟。蚕筐是用来放养蚕的，蚕吃的是柞树叶子，柞树是一墩一墩的，这墩叶子吃完了，就把蚕转移到另外一墩，养蚕人的工作大致就是这些。

那时候我们上山，经常听到布谷鸟“不够——不够——不够”的鸣叫声，叫得人心烦。每次布谷鸟在山坡上鸣叫，就能看到乔新中背一支土枪，在山坡上转来转去，时不时放一枪轰鸟。有一次我上山找乔新中，他正在山坡上转悠，听到布谷鸟鸣叫，也不找布谷鸟，对着天空就放一枪。我问他：“没有布谷鸟，你放枪干啥？”乔新中说：“布谷鸟是益鸟，主要是吃害虫的，总不能为几只蚕就杀鸟吧！”

乔新中就是这样的人，你说他善良吧，他打野鸡时，心狠手毒，一枪毙命，不知有多少野鸡野兔死在他的手中；你说他狠毒吧，一只小小的布谷鸟，他都舍不得开枪射杀。有些时候，你还真弄不懂他到底想的啥。

蚕刚下坡，就该割麦插秧了。正是大忙季节，蕾来了。蕾是小镇上的姑娘，她家做生意，不种地，她一个刚下学的姑娘，过惯了悠闲的日子，不知道忙闲。蕾一来，不管你忙不忙，就让我陪她上山转悠。

蕾来找我，不说也知道，还在想着百灵鸟。在山上转了一圈，蕾说："你答应我的那两只百灵鸟，不能算了，云雀是云雀，百灵是百灵。"蕾生活在小镇，衣食无忧，平时在家养养鸟，弄弄花，写写诗。尤其是养鸟，特别上心。

转到南山洼，突然就传来"布谷布谷"的鸣叫声。蕾听到布谷的叫声，对我说："这种鸟我知道，是杜鹃鸟，也叫布谷鸟、子规鸟。陆游的'时令过清明，朝朝布谷鸣'说的就是布谷鸟。还有李白的'蜀国曾闻子规鸟，宣城又见杜鹃花。一叫一回肠一断，三春三月忆三巴'也是说的这种鸟。"

蕾知道的都是书本上的知识，诗歌是没少读，但却不知道布谷鸟是催耕的使者。我说："你知道布谷鸟与农民的关系吗?"蕾摇摇头。我对蕾说："其实，布谷鸟与农民有着密切的联系，古人称布谷鸟为'催耕鸟'或者'催工鸟'。"蕾说："我知道，'早熟早播——早熟早播'，说的也是布谷鸟。"我说："还有呢?"蕾说："还有啥?"我说："'早熟早播——早熟早播'，你再细细品品，像啥?"蕾说："不知道。”我说：“你细听听，像不像‘亲亲哥哥！亲亲哥哥！’”

蕾脸有点红红的，羞羞答答的样子。她说：“我真没想到你原来这么坏！不过，听着还真有点像。”

我知道，蕾多愁善感、情感丰富，但内心强大、不善于表达。其实，我又何尝不是呢？

七

在众多的鸟中，印象很深的是鹧鸪。在北方，鹧鸪是不多见的。这是一种生活在南方的鸟，我在云南当兵时，见过鹧鸪，有点像生活在长江流域山地里的竹鸡，与北方沙漠里的沙鸡也有着某种相似，体形和重量都差不多，只是羽毛的色彩有些不同。

鹧鸪的眼和颊有白色斑块，大部分羽毛呈黑白相间的斑纹，背部栗红色斑纹，尾巴稍短，与很多华丽的鸟类相比，鹧鸪并不华丽，很普通的鸟。鹧鸪雌雄差不多，不像野鸡和孔雀，雄性艳丽。就是这种并不耀眼的鸟，却引起了很多文人的关注。

鹧鸪是一种孤独的鸟，它们很少成群结队，喜欢单独或成对活动。它们白天在山野里飞来飞去，清晨和黄昏出现在山间和草地觅食。它们没有固定栖息地，一旦受到惊吓便迅速高飞。也有的鹧鸪会隐蔽在灌木丛深处，避开人们的视线，人们往往很难发现并捕获它们。因此，有的猎人利用雄鸟善于鸣叫的特点，用雄鸟做诱子，通过雄鸟的鸣叫声引诱其他鹧鸪，以达到捕获的目的。

翻开唐诗宋词，很多诗词与鹧鸪有关。李白的“宫女如花满春殿，只今唯有鹧鸪飞”；苏轼的“沙上不闻鸿雁信，竹间时听鹧鸪啼，此情唯有落花知”；唐代诗人郑谷因为写了一首脍炙人口的《鹧鸪》诗，被人们称为“郑鹧鸪”。

鹧鸪的鸣叫声响亮：“嘟哒嘟哒哒——嘟哒嘟哒哒——嘟哒嘟哒哒……”春天是鹧鸪的繁殖季节，鹧鸪不停地鸣叫，通过鸣叫寻找配偶交配。清晨，雄性鹧鸪蹲在山坡上，在高高的山岩或树枝上高声鸣叫，一只雄鹧鸪的叫声响起，很多雄鹧鸪从不同的地方响应。顿时，山野里鹧鸪声声，此起彼伏。雌性鹧鸪的叫声单调一些，“嘀咕嘀咕咕”，有时也会发出“咕咕”的叫声，与雄性鹧鸪的叫声相比，少了些急躁，多了些安静，很有些韵味。

虽然鹧鸪叫声洪亮，但音质略带嘶哑，仔细听很像“行不得也哥哥”。漂泊在外的游子，听到鹧鸪的叫声，总能勾起满腔的离别愁绪。在文人墨客的意识里，鹧鸪的鸣叫声，总是与一个“愁”字紧密相连。张籍的《湘江曲》：“湘水无潮秋水阔，湘中月落行人发。送人发，送人归，白蘋茫茫鹧鸪飞。”送人外出，我还得回去，面对茫茫的白蘋和翻飞的鹧鸪，我惆怅无限，传达了诗人内心的离愁和怅惘。秦观《梦扬州》里的“江南远，人何处，鹧鸪啼破春愁……”还有辛弃疾的《菩萨蛮·书江西造口壁》里的“青山遮不住，毕竟东流去。江晚正愁余，山深闻鹧鸪”，也与一个“愁”字有关。

鹧鸪不仅是一种美丽的鸟，而且也是一种美味，素有“山珍”之美称。鹧鸪肉嫩味美，营养丰富，食用价值高，它不但是野味肉食，还是滋补品，含有人体所需的多种氨基酸等微量元素，尤其含有被誉为脑黄金的牛磺酸。据我国古代《唐草木》《本草纲目》《医林摘要》等经典著作记载，鹧鸪有“利五脏、开脾胃、益心神”等益气滋补作用，经常食用有壮阳补肾之功效。

古之以来，南方人就有食用鹧鸪的习惯，尤其是最近二十几年，鹧鸪的需求量很高，到处都有食客在享受着这种美味，鹧鸪的野生数量急剧下降，不能不让人担忧。但随着需求量的增大，鹧鸪养殖业一派繁荣，这对保护野生鹧鸪起到了一定的作用。

在我的家乡，曾经罕见的鹧鸪，如今也现身在山野里。去年春天回老家，我意外地在山坡上发现了久违的鹧鸪。尽管数量稀少，但这种生活在南方的鸟突然出现在我的家乡，不能不让人惊奇。有人说，我们家乡的鹧鸪，是爱心人士从养殖场和花鸟市场买来放生的。不管这些鹧鸪来自哪里，它们出现在我的家乡，就是一种奇迹。

也许，在不久的将来，成群的鹧鸪，从天空中鸣叫着，散落在山野、森林、草地、河流，它们在北方广袤的大地上，世代生息繁育，优美的音乐，回响在北方大地。

八

我与鸟，总有一种解不开的情结。那些鸟，陪伴着我走过春夏秋冬，走过岁月的沧桑，从少年到青年，从青年到中年，从未离开过我的生活。从童年老家的山坡，到现在单位的庭院里，鸟声，让我的生活充实而快乐。

很多时候我在想，人们为什么那么喜欢鸟，甚至研究鸟。其实，人与鸟，是自然界接触最频繁的两个物种。人群居住的地方，没有鸟的存在该是多么孤独。可以说，人与鸟，是不可分离的两个群体。

鸟在自然界飞行动物中，其种类之多，数量之惊人，超出了人们的想象。不管是在人类居住的地方，还是荒无人烟的广袤大地，到处都有鸟的踪迹，很多时候，人鸟共居在一个村庄、一个屋檐下。因此，古往今来，人类对鸟的研究从未停止过。鸟类不止一次地出现在文学作品中，人们赋予鸟类人的情感、人的语言。

蒲松龄在《聊斋志异·鸟语》中讲过这样一个故事：中州有一个道士，在乡村化缘求食。一天，道士在一农家吃完缘食，听到黄鹂在院中树上不停地鸣叫，便对主人说："黄鹂在说，'大火熊熊，难以救灭。'你家可能要失火。"主人听了不以为然。第二天，那家果然失火，人们纷纷惊异道士神奇，称他为神仙。道士说："我只不过懂得鸟说的话而已，哪里是什么神仙。"这则故事也许是蒲松龄虚构的，但从中可以理解人类渴望理解鸟语的心情，是多么迫切。

鸟的鸣叫，确实让人类产生过无数奇想，人们渴望对鸟语的破译日渐强烈。于是很多科学家、民间爱鸟人士开始研究鸟类的鸣叫，试图破解鸟类的语言。英国自然历史之父吉尔伯特·怀特仔细研究了三种极其相似的莺科鸟类的鸣叫，就是典型的代表。

但时至今日，尚未发现人类有破解鸟类语言的先例。蒲松龄之前没有，蒲松龄之后也没有。蒲松龄的《聊斋志异·鸟语》，也仅仅是蒲松龄的想象而已。

鸟类的鸣啭，可以说比鸟类种类数量更多，生活在不同地域的同一种鸟，其鸣叫也不尽相同。这与我们人类一样，同种同宗的人，因居住区域不同，说话时的发音也不相同，也就是所谓的方言。鸟类也一样，也有不同的方言。比如画眉鸟，它的歌声清脆响亮，委婉动听，变化无穷，时而高亢，时而平缓。但它们因生活的区域不同，鸣啭的声音也不尽相同，如果把它们的叫声比作歌曲，可能就会出现不同的唱法，有的是民族唱法，有的是美声唱法，还有的就成了通俗唱法，各有各的特点。正是这种鸣叫的优越性，才使鸟类的语言充满了鸟语花香，诗情画意。

乔新中说得就很有道理，人们之所以能听懂鸟的语言，是根据鸟的喜怒哀乐赋予它们语言，而不是真的能听懂鸟语。乔新中听不懂，温玉奇也听不懂，我和蕾也听不懂。我们听懂的，只是我们对鸟的观察和理解，没有长期细致的观察和对鸟们生活习性的了解，我们什么也不懂，更不能赋予让人们可以接受的鸟们的语言的意义。

就像鹧鸪，很多人听到的是“行不得也哥哥”。如果你是当年走西口或者是闯关东的那个人，当你在即将远离家乡时，听到一声鹧鸪的鸣叫，是不是那声音就成了“行不得也哥哥”。此时，断肠人听到的断肠声，怎么也不会理解成“去吧去吧哥哥”。因为，你远行的路上充满了狂风暴雨、激流险滩、悬崖峭壁，每走一步，都可能一去不返，消失在茫茫尘世中。

也许，随着人类与鸟类的共居，人与鸟的和谐相处，人们破解鸟类的语言也不是没有可能。但愿这不是梦，也不是幻想。

观鸟手记

一

在梦中，我听见鸟鸣。一声接一声，一阵接一阵，清脆、悦耳，撞击着耳膜。

我在鸟声中醒来。我原来并没有睡去，一种似睡非睡的状态。推开阳台的窗，我看到毗邻的院子里，两棵樱桃树上几只麻雀，“叽叽喳喳”地叫。

五月的天气，多么温暖。看着麻雀，突然就产生一种上山看鸟的冲动。以前也看过鸟，那时在乡下，无所事事，除了看鸟，我不知道还能干什么。于是，迎着鸟影，走向山坡；听着鸟叫，回到家中。

乡村人，在山坡上看看鸟是很自然的事，稀松平常。

可是我，很多年不再上山看鸟。

看鸟，是需要闲情的。没事干，看看鸟；孤独时，看看鸟；高兴时，看看鸟。闲暇、孤独、高兴，都是看鸟的理由。在乡下，这些理由我都具备。所以，我看鸟。

我后来不看鸟，是没有了看鸟的理由。很多年，我一直在忙，像陀螺，转啊转，转得晕头转向；很多年，我在熙熙攘攘的人流中穿梭，在喧嚣的市声里奔波；很多年，我一直为生存忙碌，想让自己活得有点尊严，活得有点人模人样。于是，我在奔波中透支着时间，我在忙碌着淡忘了爱好。所有的一切，让我没有了闲情，没有看鸟的理由。

突然做了个与鸟有关的梦，突然决定上山看鸟，并不是有了看鸟的理由。多年来，我一直在关注动物，关注鸟，也在准备写一些关于鸟的文字。日有所思，夜有所梦吧！

有没有看鸟的心情，并不重要。重要的是，我必须上山看鸟；是的，看看那些久违的鸟。

此刻，时间定格在2016年5月8日早晨6点35分。

二

黄鸭河，位于南召县城东边。源头，洛阳市嵩县白云山，归宿地，流经鸭河、白河，注入汉水。

原本是去青峰山的，过黄鸭河时，看到河中有鸟，就停了下来。鸟是白鸟，我数了数，有六只。四只在水中，一会儿把嘴伸进水中，一会儿仰起脖子，好像在觅食。另外两只站在靠近岸边的草丛里，一动不动。再往上面看，有十几只白鸟在水里走动。它们的样子，十分悠闲，像散步的人，自由、散漫。

看白鸟，长脖子长腿，一身的白，白得耀眼。因距离太远，看不清楚，但白鸟有个特点，脖子呈S形，应该是白鹭吧！在我的印象中，白鹭是南方的鸟，北方不多，难得一见。突然看到这么多白鹭，不免有点惊奇。

我走下河堤，踩着光溜溜的河卵石，蹚着带露水的杂草，向河心走去。距离白鹭大约五十至七十米左右时，白鹭受到惊动，飞了起来，先是飞起两只，接着又飞起一只，剩下的三只，随后也飞了起来。

白鹭飞得很低，距水面十米左右，速度缓慢，飞了五十米左右，又落了下来，继续在水面上走动。走得不紧不慢，慢慢抬起左腿，落下，再抬右腿，再落下。我试着向白鹭靠近，刚靠近白鹭，它们“扑棱棱”飞向天空。始终与人保持着一定的距离，超过这个距离，白鹭就会飞走。

鸟也喜欢凑热闹，白鹭散步的地方，成群的燕子，在空中飞来飞去。它们飞了一阵，从上面俯冲下来，掠过水面，溅起几滴水花。

我顺着河堤往下面走，又看到了白鹭，十几只，可能还多，距离远，没看清。天空偶尔也会飞来几只，落在水中，但与河中的白鹭保持着一定的距离，相隔几十米远。看来不是一拨的。是不是白鹭也以群分，互不侵犯，各有各的领地？不得而知。

坐在河堤看白鹭时，看到河滩的鹅卵石上散乱地蹲着四只喜鹊。才看了一眼白鹭，收回目光，四只喜鹊变成了两只。剩下的两只在争抢食物，一只嘴里叼个黑黑的东西，向前走几步，停下来啄两下食物，后边的那只赶紧跑上来，叼起地上的食物向前跑，然后停下来啄食，也是刚啄两嘴，后边的那只又跑上来，把食物叼走。就这样，反反复复的，大概有两三分钟，很有趣。

待喜鹊玩够飞走，我走下河堤，看看喜鹊争的是啥食物。不看还罢，一看很恶心，是一小块晒干的粪便，上面粘着一些白色的种子，是没有消化的草籽。

离开时，已是七点多，走在路上，不断传来鸟的鸣叫。白鹭的“嘎嘎”声，麻雀的“啾啾”声，喜鹊的“喳喳”声，不绝于耳。

三

青峰山，伏牛山余脉。南召县城东，隔着一条黄鸭河。青峰山与我居住的地方两公里之遥。

山上长满松树，一层又一层，绕着山转，很齐整。树下是柞木丛，也叫栗毛，叶子用来养柞蚕。南召县是养柞蚕大县，有“召半省”之称。

青峰山曾经是南召县公安局的刑场。现在刑场废弃，这里成了县城人散步游玩的去处。

走到山顶，也没看到一只鸟。可能是阴气太重，鸟也害怕。

青峰山顶，有一个八角亭，仿古的那种，亭子下面砌有石凳，可供游人歇息。刚坐在石凳上，便看见前边松树上有十几只灰喜鹊，“嘎吱嘎吱”地在叫。

灰喜鹊，也叫山喜鹊、蓝鹊、长尾鹊、长尾巴郎。头顶黑色，翅膀及尾巴天蓝色，背腹部灰色。在我们家乡，灰喜鹊是比较常见的鸟。它们成群结队，吵吵嚷嚷，游荡在山林、公园和城镇。尤其鸣叫时那长长的尾音，格外刺耳。

再往下看，山半腰处，有几棵槐树，槐树下是一片草地，二三十只麻雀，有的在槐树上跳跃，有的在草地上觅食，“叽叽喳喳”。

看来，不是青峰山阴气重，是来时摩托车惊飞了鸟们，或者是山下公路上轰鸣的车流惊扰了它们。而此时，山上出奇地宁静，只有一丝细小的风，摇着松枝，“沙沙”地响。

正在看鸟，听见有摩托车的响声，抬起头，几对男女沿着水泥路来到亭子前。摩托车的响声惊动了鸟们，一群麻雀冲天而起，瞬间消失在视线外。灰喜鹊胆子大点，从树上飞起，又落在前边的树上，“嘎吱嘎吱”叫，似乎是在抗议。

这是年轻人的世界，与充满活力、青春靓丽的少男少女们在一起，有点不合时宜，我决定把这方小天地让给他们。

离开八角亭，身后传来一阵阵“叽叽嘎嘎”的笑声。年轻真好。

四

向北，向北，一路向北。摩托车冒出一溜青烟，载着我向北。

青峰山向北，是崔庄乡。一条峡谷，四十五里，这条峡谷，叫回龙沟。四十五里处，有一长坡分水岭，至此，与平顶山市鲁山县交界。

走到分水岭，因地势险峻，上山的路难走，无奈折回。

在回龙沟村，看到有养蚕人上山，就随着上山的人，沿着一条小峡谷，向山上走。走了百十米，看到一处瀑布，下面是一个水潭。潭水清澈，能看到水中游来游去的小鱼。有一只青蛙，蹲在潭边的石块上，看到我们，扑通跳进潭水中。

养蚕人说：“这潭，就是回龙潭。咱们今天去的山，叫蜘蛛山。”

我问：“回龙潭和蜘蛛山，这名字奇怪，是不是有个说道？”

养蚕人说：“据说，很早以前，这里曾经发生过蜘蛛精大战恶龙的传说，蜘蛛精活捉杀死恶龙后，劳累而死。后来，恶龙被处死的这条沟，叫作毁龙沟，人们觉得毁龙沟不好听，就改作回龙沟；蜘蛛精累死的这座山，就叫蜘蛛山。”

蜘蛛山不高，山上长满了柞木丛。正走着，听见山坡上传来一阵吆喝声：“哎嗨嗨嗨——哎嗨嗨嗨……”声音浑厚，十里可闻。

养蚕人笑笑说，这是轰鸟哩，山上鸟多，常来祸害蚕。现在没有枪，只能吆喝几声，轰轰鸟。正说着，天空中传来一阵“布谷——布谷——”的鸣叫声。养蚕人听见布谷鸟叫，大声喊道：“不够——不够，吃多少够?!”

布谷鸟，学名杜鹃鸟，体形与鸽子相仿，身材细长，背部暗灰色和褐色，腹部布满了横斑。飞行速度较快，寂静无声。芒种前后，几乎昼夜都能听到它那洪亮而又凄凉的叫声“布谷——布谷”。

这种鸟还有一个特点：巢寄生。就是将卵产在其他鸟类的鸟巢中，代为孵化和育雏。尤其是大杜鹃鸟，是八十多种巢寄生鸟类中最典型的一种鸟，它可把卵寄生在一百多种其他鸟类的巢中。

布谷鸟是柞蚕的天敌，养蚕人最恨的就是布谷鸟。它们偷吃柞蚕时，边吃边把柞蚕啄死。一只布谷鸟一次至少祸害十几条柞蚕，所到之处，地下躺着横七竖八的柞蚕尸体。

走到山顶，看到栗毛丛上，爬满了黄澄澄、胖乎乎的蚕虫。柞蚕也叫山蚕。一种吐丝昆虫，因喜食柞树叶得名。从幼虫到结茧，历经四次休眠和蜕皮，每蜕皮一次，递增一龄。茧可缫丝，主要用于织造丝绸。蚕蛹富含蛋白质，营养丰富。

这个季节，是柞蚕的大眠期，也有的柞蚕已过大眠期，开始结茧。劳作了一个多月，马上进入收获期，养蚕人格外经心。除了不停地吆喝，还敲竹筒、木棒轰鸟。

山上鸟真多，百灵鸟、云雀、山麻雀、杜鹃鸟，我看到的鸟有十多种，在蚕坡上飞来飞去。任凭养蚕人吆喝，敲竹筒、木棒，赖在树枝上，就是不肯离去。

五

下山。折回。顺着来路，走回来路。摩托车突突地响，回龙沟被我甩在身后。两边的青山纷纷逃离我的视线，留下一片模糊的影像。

走出不远，前边一块大石头上，写着“蛇蚤湾”三个字。蛇蚤湾，是我来时就设计好的，从这里抄近路，可直接到崔庄乡政府所在地。

蛇蚤湾，一条连接回龙沟与崔庄的乡村公路。这条路，其实不是乡村公路，是部队修建的公路。

沿着路走，大约五公里，看到一片营房。

又走回到黄鸭河，不过，是上游崔庄段。公路紧靠着河，河缠绕着公路，河水很清，走到一小桥处，坐下来歇息，到河中洗手，冷不丁的，看到河中的鹅卵石上，蹲着一只灰斑鸠。就那么一只，孤零零地站在石头上，东看看，西望望，很孤独。感觉好像是等待一只鸟的归来，但没有看到它的同类。

从河里走回岸边，走到公路上，看到两只橄榄绿色、翅膀有黄斑的小鸟。体形麻雀般大小，行动利索，在岸边低矮的柳树上，一蹦一跳，不怎么怕人，我走到距它们跟前十多米远时，呼扇一下翅膀飞走了。它们的羽毛，与黄腰柳莺有点相似。

十几公里路程，一晃就到。进入崔庄街，感觉有点清静，山区小街，原本就没多少人，又恰逢中午，街上行人自然稀少。只有街面的店铺开着门，有人忙碌着，有人仰着脸坐在椅子上休息，还有人端着碗吃饭。

看到一家小饭馆，门前挂着牌子，上面写着：焖面、捞面、炝锅面、烩面及各种炒菜。进店，里面没有客人，老板正在看电视，看到我进来，站起来说：“吃点什么？”我说：“来份焖面，一碗肚丝汤。”

吃过饭，沿着公路向西。前边，是我要去的百尺潭。这条路连着伏牛山的主峰石人山玉皇顶，沿途有百尺潭风景区、九龙沟风景区。我要去的是百尺潭，是今天最后一站。

百尺潭风景区，我去过不止一次，每次去，都闹哄哄的，从没有留心过百尺潭鸟多不多，有多少种鸟。

当然，长满绿树的大山，没有鸟，是不可想象的。南召百尺潭的生态我还是有信心的。要不，也不会选择百尺潭。这点，我很有自信。

六

大片大片的松林，把山覆盖。没有松树的地方，是灌木丛；没有灌木的地方，是荒草；没有草的地方，是裸露的石头。

这片山，叫大青山。位于崔庄乡粮食川村，是崔庄乡政府与百尺潭的中间地带。走到粮食川，被这片葱郁的松林吸引，没有犹豫，就走了过去。

走进去，人就被松林遮掩，被鸟声淹没，消失在无边无际的林子里。一个人，在一片林子里，是多么微不足道，是多么渺小。

沿着曲里拐弯、七扭八斜的山路，我走进林子。松树包围着我，身前身后，左左右右，都是松树。走了很远，还看不到边，在林子里，只听到鸟声，却看不到鸟。偶尔看到鸟，也只是它们在天空飞翔的身影。

翻过一道岭，看到一片开阔地。可能是早年开荒造的地，地里长满荒草，应该有很长时间没种过庄稼。草地上，有一群鸟，百十只，多是百灵鸟，也有山雀，“叽叽喳喳”叫个不停。刚走近，它们呼啦啦飞向天空，一个不剩。

走下山，顺着沟底往回走。没走多远，看到几棵杨树，树枝上蹲着十几只鸟，朱红色的嘴，橙黄色的脚，棕白色的头，灰背白腹。这鸟我认识，叫丝光椋鸟，还有一个难听的名字：牛屎八哥。这种鸟胆子小，看见人就飞，但叫声清脆动听。

走到大青山沟口，是一片荒芜的稻田地，长满了杂草。荒地里，一群黑色的鸟在觅食。站在田埂上看，除了鸟的嘴是黄色外，浑身上下黑不溜秋的，没有其他颜色。这鸟我也认识，叫黑鸫，也叫百舌。

宋代诗人有一首《和百舌》，其中有“数声啼破枝头春，来从何处绿杨阴”和“三年不鸣忽一鸣，惊动东西与南北”，对这种貌不惊人的鸟，给予了很高的赞赏。

我在老家时，经常在田野里看到它们。这种鸟不卫生，甚至有点脏，时常溜到农家的粪坑里捡东西吃，有时还跑到茅坑里找食吃。近几年，我们单位的院子里，经常可以看到它们在花园里的草地上觅食。每次看到它们，就想起它们在粪坑和茅坑里找食吃的情景。

黑鸫模样长得虽丑，但它们有一副好嗓子，歌声嘹亮动听。百舌的意思，就是善于模仿其他鸟的叫声。据说，黑鸫能模仿一百多种鸟的声音。

不能不说这是意外的收获。来大青山，并不在我的计划之中，纯粹是偶然。就是这一次的偶然，让我看到了很多久违的鸟。

七

在百尺潭，最先迎接我的是十几只全身棕色的鸟。它们身体修长，两翅紧抿在两肋，羽毛光滑紧凑，形态极具美感。

走近仔细看，背部有黑褐色纵纹，腹部及尾巴呈黑褐色。特别是眼睛，有一白色眼圈，向后延伸成一条细线，状如眉纹。不用想，这种独特的鸟，就是画眉。

画眉出现在百尺潭，一点也不奇怪。画眉是鸟类中爱干净讲卫生的鸟。每天，它们总要洗澡，没有水和树的地方，你很难看到画眉。

我看到画眉鸟时，两只画眉正在小溪里洗澡。可能是水太浅的缘故，它们用翅膀使劲地拍打着水面，溪水四溅，水珠飞起一米有余。

百尺潭游人寥寥，有几个人坐在树荫下乘凉，还有一男一女在拍照，很亲昵。

我这人不大喜欢拍照，出门时没有准备相机。我拿出手机，准备给洗澡的画眉拍一张照片。就在这时，那个年轻的女人突然爆出一阵笑声，画眉鸟受到惊动，“嗖嗖嗖”飞得无影无踪。我有点懊恼。

百尺潭上面，有一潭叫拐角潭，据说水流在石壁上爬行，无声无息，别有情趣。我来百尺潭多次，因为太陡峭，未能去看，这次下定决心上去看看。我攀着铁链，一步一步向上爬，每走一步，心就揪一下。爬上峭壁，我一屁股坐在地上，大口地喘气。

顺着溪流往上走，两边的山上，是树、灌木、野草，满眼的绿。我有点奇怪，有山有水有树，但没有鸟出没，甚至没听到鸟的鸣叫。

拐角潭没有我想象的那么大，水清澈，远远看去，一片碧绿。因为天旱，水流很小，甚至看不到激起的浪花。很意外地，在拐角潭看到几只野鸭，样子很悠闲，在水面上游来游去。也只有如此安静的地方，野鸭才可以自由地游玩。

悄悄走近看，野鸭整体深栗色，绿头绿翅膀，在阳光的照射下闪着金属般的光泽。野鸭，应该是绿翅鸭吧。不过，在我们家乡，人们把绿翅鸭、鸳鸯、绿头鸭等鸭科鸟统称为野鸭或水鸭子。

我没有惊动它们，脚步放得很轻，我怕稍不小心，打破了此刻的宁静。

八

一只鹰在空中盘旋，就在我的头顶。鹰的飞翔，有个性，两翅平直伸开，　动不动，在空中绕来绕去。我看了一阵，才看到它呼扇了两下翅膀。鹰在捕食猎物时，它们的翅膀会不停地扇动。

五月，是鹰迁徙的季节吧！每年，能看到苍鹰，都在春秋之时。好像冬天是看不到苍鹰的。在老家时，每次看到苍鹰，总会看到野兔、野鸡或其他的鸟在山野里落荒而逃。今天，我没有看到野兔，也没有看到野鸡之类的鸟。路边的树上有一些山雀，但鹰怕是看不上这些小鸟吧！

似乎是没有可以猎捕的对象，鹰有些懊恼，发出一声凄厉、尖锐的叫声，滑落在远方的树林里。

其实，鹰在捕猎时，很少在空中飞翔。它们常常隐蔽在森林中的某一棵树上，窥视猎物。如果发现猎物，要么俯冲，要么直线追击。在抓捕猎物时，鹰十分凶猛，速度快，目标准，下手狠，瞬间将猎物置于死地，用利爪将猎物腹部剖开，吃掉心、肝、肺，然后带着猎物回去慢慢享用。

正准备走，突然看到前面路边的梯田里有两只刺猬在动。我笑了，鹰一定是看到了刺猬，想猎捕，但无从下口，看着美味，却无法享受；也可能是看到我离刺猬太近，出于对人的恐惧，放弃了对刺猬的袭击。于是，鹰很生气，尖叫着离开了。

刺猬我知道，这小东西看着很傻，其实很狡猾。除了狐狸、黄鼠狼等很少的动物能制服它，一般的动物只能眼巴巴地看着它流口水。

在老家的山坡上，曾经时常看到它们，傻乎乎地到处乱窜，见到人就缩成一团，任凭你把它当球踢，就是不伸头。你说刺猬狡猾吧，有时候它还真有点傻，见到人不知道怕，只要你不走到它跟前，它就视若无人，伸着头，在地上寻觅，好像那里有美味在等着它呢。

我走过去，它们看到我，缩作一团，一动不动，像个静止的物体。我像小时候那样，抬起脚，把它们踢到梯田下。我知道，只有让它们远离人们的视线，才是安全的。

此时，天色已近黄昏，西天的太阳，已沉到伏牛山主峰的峰顶上。西沉的太阳，从山涧，从树梢，射出血红的霞光。

九

夜宿九龙沟。标间一百二十元，砍了半天价，七十元。因为不是节假日，游人稀少，占了点便宜。如是节假日，怕是一百二十元也未必能入住。

来时留了个心眼，买了几桶方便面、火腿肠。一顿晚餐，只花了几块钱。

吃过晚饭，出去转了转，四周黑乎隆咚，没有人声，有没有鸟鸣，一片宁静。偶尔，有小虫子的“唧唧”声传来，山野不再孤寂。

曾经在2005年春天，与文友在这里住过一晚上。因为是节假日，宾馆里住满了人，有的喝酒，吆三喝四；有的唱歌，胡喊野叫，热闹非凡。十来点钟，仍能看到成双成对的游人在附近晃悠。

而现在，同一时辰，同一地点，同样的夜晚，却出奇地静。仿佛这世界，除了虫子，都消失在茫茫的夜色中。

我坐在一块石头上，点燃一支烟，此时突然觉得山中的夜晚真好，可以静下心，想些美好的事情。比如想想辛苦一辈子的父母，想想等待你归家的老婆。实在没什么可想，就想想传说中的狐仙。这样想时，感觉真的有一个红衣女子，窈窕身姿，眉目生情，款款而来。

似乎有点想多了，跑题了。不过，久居闹市，能有片刻的安静，也是一种享受。

由此想到旅游。旅游，不在于山水，而在于心情。在广袤的大地、在青山绿水中，放飞心灵，让心融入山水之中，享受着大自然带给你的新鲜、愉悦、惊奇、刺激，也就实现了旅游的目的。

如果是旅游的话，我个人认为，最好是避开节假日，既省钱又避开人流高峰，可以尽情体验世外桃源般的美好。

从百尺潭到九龙沟，我骑车走了一个多小时，总体感觉是，山清水秀，生态保护完好。路两边的树木上，有很多喜鹊的巢。我边走边数，二十多公里，鸟巢多达三百多个。

突然想起了2002年春天，我乘车从家乡到邻县，不时看到路边树上的鸟巢。而在此前的十多年，因为肆意地捕猎鸟类，鸟巢越来越少。惊奇之余，便数了起来，从家乡到邻县，百公里的路旁，我看到了一百五十八个鸟巢。

从鸟巢的对比，让我看到了生态环境的美好未来。

十

清晨的第一声鸟叫，把我从睡梦中唤醒。我揉揉眼，打开手机，时间是6点21分。

上山的路，弯弯曲曲，我随着不多的几个游人爬山。

九龙沟风景区的山叫石人山。北麓在平顶山市鲁山县；南麓在南阳市南召县。最早开发石人山的是鲁山县，景区的名字叫“石人山风景区”，现在改名为“尧山风景区”。南召县开发的风景区叫“石人山南麓风景区”，现在更名为“九龙沟风景区”。但我却习惯“石人山南麓风景区”这个名字。石人山虽土，但土有土的特点。九龙沟，看似不土，但龙山、龙沟、龙潭、龙湖……到处都是龙，俗气。

南召石人山南麓景区内层峦叠嶂，古木参天，流泉飞瀑，碧水幽潭，集北雄南秀于一体，被誉为“中原胜景”。春天，鸟语花香，生机盎然；夏天，林密荫浓，清爽宜人；秋天，三色枫飘，层林尽染；冬天，玉树琼峰，恍若仙境。这里，确实是旅游的好地方。

石人山南麓我去过多次，对这里的山水比较熟悉。看风景，对我已没有了吸引力，我来这里是看鸟。石人山的鸟还真多，山雀、百灵、云雀、斑鸠、鹌鹑、黄雀、黄鹂、啄木鸟……看到的就有几十种，有的成群，有的成对，也有孤单单一只的，寂寞地鸣叫着。

爬到山半腰，正走着，突然听见有人大声说：“看，那是什么鸟？真好看！”顺着他手指的方向，我看到几只色彩艳丽的鸟蹲在树枝上。鸟确实好看，眼部及下颏黑色，翅膀、尾部灰褐色，背部栗褐色，腹部淡黄色，尤其是头顶上那簇黄色羽冠，十分引人注目。

我对他们说：“这鸟叫太平鸟，鸟市里有，但在野外很难看到。

今天能看到太平鸟，说明我们福气不小。”那几个人都说：“是有福气，从来没有看到过这么好看的鸟。鸟好看不说，名字也吉祥。”

一个姑娘举着相机，想拍一张太平鸟，但距离太远，不清晰。她拿着相机，想靠近一点拍，走了十几步远，那几只鸟便“嗖嗖嗖”飞走了。姑娘拿着相机，呆呆地站在那里，脸上满是失望。

走到鸡冠石，坐下来休息，前边的松树林里一只鸟蹲在树枝上，背部羽毛灰褐色，头腹部羽毛灰白色，有细密的红褐色斑纹，尾巴上是黑褐色横斑。比斑鸠稍大，但不是斑鸠，它的嘴似鹰嘴，一看貌似鹰，但比苍鹰要小许多。是鹰，我在老家看到过几次。村子里的人说，这鹰，是吃鸟的鹰。想了半天才想起，叫雀鹰，我曾经写过它。只是长时间没有见到过它，给淡忘了。

那个拍照的姑娘又拿起相机，“咔嚓咔嚓”地拍起来，一连拍了几张。看样子她很满意，拿着相机，让这个看看，那个看看。然后走到我跟前问：“这鸟叫啥名字？”我说：“雀鹰，一种专吃鸟的小型鹰。”她说：“还吃鸟啊！太凶残了。”

再往上面，就是伏牛山的主峰玉皇顶，路越来越险。我曾多次爬过玉皇顶，就不打算再爬了。拍照的姑娘说：“一块儿来上山，还是一块儿走吧！”经不住美丽姑娘的邀请，便随着大家向玉皇顶走去。

终于站到玉皇顶上。站在玉皇顶，一脚踏了三市三县。南阳市南召县、平顶山市鲁山县、洛阳市嵩县。那一刻，那些逶迤的山峦，那些纵横的沟壑，那些葱郁的绿树，那些清澈的碧水，都在我的脚下，我是大山的主宰。此刻，“会当凌绝顶，一览众山小”的妙韵，很自然地漫上了心头。

突然，四周想起了鸟鸣声。站在山顶听鸟鸣，你可以听到不同的声音，“叽叽，喳喳，叽叽喳喳，嘀呖，嘀嘀呖呖，嘎嘎，嘎嘎吱吱”这样的鸟声大合唱，也只有站在山顶上可以听到，别具一番韵致。

如果你想听鸟的大合唱，石人山玉皇顶便是理想的选择。

十一

下山，直奔兴峰寺。

兴峰寺位于伏牛山腹地的马市坪乡转角石村，始建于明初，现存建筑有山门两间，方丈室三间，厢房三间及石牌坊等。周围有东西花园、十八盘、过风楼以及古栈道等遗迹。

兴峰寺四周群山环绕，植被茂密，到处是原始森林和青青翠竹，环境优美，像一幅淡雅的山水画。因为此前来过，就没有进去，径直走向山野。

转角石村的民居很有特点，村民使用的砖石等建筑材料，大多是从兴峰寺倒塌的古建筑上拆下来的，铺条石为地基，明砖筑墙，小灰瓦覆顶，古色古香，别具风味。

最先走进的是竹园，茂密的竹子上，蹲着数十只小鸟，远看像麻雀，走近看，那些小鸟头顶上有一片白色的羽毛，原来是白头翁！还有十几只百舌鸟在竹园的地上寻觅着，是在寻找虫子，还是在寻找草籽？紧靠着竹园，有几棵玉兰树，上面蹲着一只斑鸠，歪着头，盯着竹园看，好像竹园里有美味的东西吸引着它。

因为时间关系，仓促地看了一下就走了出来。走不远，有一片山茱萸林，上面挂着青青的小果实。这果实就是中药萸肉，我们家乡也叫“枣皮”。又走不远，看到一棵山茱萸上蹲着一对小鸟，嘴尖细，头顶暗灰色，背栗褐色，腰腹部金黄色。最为显眼的是翅膀，翅上翅下都有一块大的金黄色斑块。

我差点叫起来，能看到这样美丽的小鸟，只能说是幸运。因为很多年前的2008年见过一次，这次是第二次。这种小鸟有一个好听的名字：金翅雀。

看见一个老人，背着镢头，看样子是上山干活的，便迎了上去，打了个招呼，给老先生敬支烟，问老先生：“那两只鸟见过吗？”老先生巴瞪着眼看了一阵说：“这小鸟啊，不多，一只两只的，但隔三岔五就能见到。”老人又说：“山上好看的鸟多了，有比这颜色更黄的鸟，飞来飞去。你在山上转转，说不定就能看到呢！”

想想也是，这么多树林，还有小溪，青山碧水地，哪能没有鸟呢？

十二

十八盘。这地名，听着就令人心惊胆战。

十八盘，分大小十八盘，翻越十八盘，其实就是翻越了两座山。十八盘，顾名思义，就知道这条路，要上十八个坡，下十八个坡，拐十八个弯。

回去的路，先沿着溪谷走，然后上山，拐一个弯，上一道坡，再拐一道弯，再上一道坡。路上风景不错，有溪流，有瀑布，有悬崖，有峭壁，惊险刺激。

去兴峰寺，是要经过大小十八盘的。本来应该先到十八盘看看，因为急于去兴峰寺，就把十八盘放到折回来的一站。

转回十八盘的路上，看到一部越野车停靠在路边，几个人在路边抽烟。我走过去时，他们拦着我，问前边的路好不好走。其实，走到这里，路就越来越好走了，下山坡，一道溪谷直抵兴峰寺。但过河时车过不去，要走一段山路才能到达兴峰寺。

听了我的话，几个人很高兴，这才开着车往前走。

上到大十八盘顶，我沿着一条山路，向一片林子走去。

林子是杂树林，有栎树、松树、辛夷树、黄栌等树木。刚走到树林边，听见“哗啦”一声，吓得我一哆嗦，抬头看时，一只野兔连滚带爬惊慌地向山下跑去。这小东西，把我吓得不轻，还以为碰上狼了！

山上很静，只有几声很轻的鸟鸣。看了看，没看到鸟。可能是躲到林子里了，或者是在某个角落，我没看到。再往前走，看到一群山麻雀在树上蹦。在一片黄栌树丛里，看到几只黄腹小鸟，应该是黄腹山雀吧！转了半个钟头，除了山雀，没有看到其他鸟。

往回走，看到两只秃尾巴鹌鹑，它们看到我有点惊慌，边跑边飞，钻进一簇灌木丛里。

下到山脚，看到一棵大杨树，有个鸟巢，两只喜鹊蹲在树枝上，仰着头“喳喳”地叫。我对着它们吹了一声口哨，它们好像没有听见，依然仰着头叫。

十 三

摩托车奔向傲坪村。傲坪村有一个很有名气的景点，九龙沟瀑布群。

九龙沟瀑布群，自石人山南麓的独山顺谷而下，行至龙潭沟，因山势险峻，在五公里的河床上，形成十余个落差较大的瀑布，最大的一百三十余米，最小的十余米，一瀑一潭，潭瀑相映，是目前我国发现的规模最大、布局最集中的瀑布群，堪称中原第一大瀑布群。

因时间关系，我没有去瀑布群，直接随着一个上山砍柴的中年男子，从瀑布群东边的山谷进入山林。进山的路，是一条蜿蜒小路，坡是缓坡，没有感觉吃力。山上树木不多，大都是灌木丛，密密麻麻的灌木丛，把山遮得严严实实，稍不小心，就会被青藤绊倒，被树枝划伤。

大约走了五六里路，在一片林子里，突然看到一只浑身发黄、头上长角、屁股发白、像鹿也像羊的动物蹦跳着向山上跑去。因为距离远，没看清楚，问砍柴人："是不是黄羊？"砍柴人说："是黄羊，看见人发疯地跑。"一句话工夫，黄羊就不见了踪影。

砍柴人顺着一条小路向山坡走去。我顺着谷底继续往前走，走了几里路，除了山雀、几只斑鸠、空中的云雀，没有看到什么鸟。我有点灰心，就不再打算上山。

进沟的时候，是顺着西山根走，拐回来时，我从东山根折回来。大概走了不到一公里，看到一只松鼠，在松树上蹲着，看到我，腰一弓，从一棵松树跳到另一棵松树上，然后回过头，小眼睛咕噜咕噜地转着，盯着我看。我扬扬手，它出溜跳到另一棵松树上，依然盯着我看。也许，在它的眼里我是一个怪物。

这小家伙胆子有点大，不怎么怕人。这道山谷，紧靠着九龙沟风景区，这些小精灵，看到的游人太多了，也就见怪不怪，习以为常。

快到沟口时，前面有几座房子，倚山坡而建，房子是瓦房和平房，有点破旧。房子前面是一块空地，长满了草。老远就看见有黑点在动。走近看，是一小群寒鸦。除了腹部和脖子有白色的羽毛，全身漆黑，丑不拉唧的。

再走近，大约有二三十只鸟，在草地上觅食。寒鸦，我们家乡人叫它“山老鸹”，也有人叫它们“白脖老鸹”。除了叫声难听点，并不讨人嫌。

寒鸦看着貌不惊人，但知名度还是很高的。辛弃疾在《鹧鸪天》一诗里写道：“晚日寒鸦一片愁，柳塘新绿却温柔。若教眼底无离恨，不信人间有白头。”元朝著名散曲家、剧作家张可久的《瞻宫曲·九日》写道：“人老去西风白发，蝶愁来明日黄花。回首天涯，一抹斜阳，数点寒鸦。”

两首写寒鸦的诗，都与黄昏有关。辛弃疾的诗有点悲戚，离愁别恨，肝肠寸断；张可久写的是自己，迟暮之年，漂泊无依的诗人，不知家乡在何处，突然生出几分凄凉。不管是离愁别恨，还是漂泊无依，诗中的寒鸦都与黄昏有关。看来，寒鸦喜欢在黄昏出来活动，是不可置疑的。

此时，在黄昏来临，突然看到一群寒鸦，心情格外好。因为，久居闹市的人不可能经常看到大群的寒鸦。我在南阳市郊上班，单位的院子里有很多鸟，但没有看到有寒鸦在院子里出没，就是院外大片大片的果园、林子里，也没有它们的身影。

看到寒鸦，也是缘分。

十 四

沿着公路，从马市坪向乔端出发。

路两边是山，起起伏伏的山，纵横交织。山上长满了各种各样的树，开花的，不开花的，结果的，不结果的。有树，山就变成了海，风吹过，绿浪翻滚。

不时看到喜鹊在树枝上“喳喳喳”叫，也有各色不等的小鸟在头顶上飞，叽叽喳喳、嘀嘀溜溜。不得不说，伏牛山，是鸟的天堂。

太阳窜出老高，五月的天，不冷也不热。阳光照在身上，暖暖的，风刮过来，凉爽爽的。不论是阳光还是风，给人的感觉是舒服。

这样的天气，是适合旅游和看鸟的。

野牛岭下，在一片柞树林子里，突然看到几只啄木鸟。这是一种具有黑背、白肩、红尾，翅膀及尾部有白色横斑的杂色啄木鸟。在山林里，看到啄木鸟并不稀奇，但在平原和少树的地方很难看到。在喧嚣的地方更不多见。能在公路边看到它们，还真有点惊喜。

有汽车轰鸣而过，但啄木鸟似乎没听见，依然趴在树上。有一只可能受到惊动，从一棵树飞到另一棵树上，却没飞走。也许，生活在山区的啄木鸟，它们已经习惯了汽车的轰鸣声。

我站在很远的地方看着它们，它们趴在树干上，在啄着什么？我好像听到“哪——哪——哪哪”的声音。

十 五

野牛岭，山高路陡。有一句话是这样形容野牛岭的：“小八匹（手扶拖拉机），上乔端，加大油门往上蹿，屁股后面冒黑烟。”

现在的野牛岭，公路几经修建，多次挖掘，坡度下降了很多，已没有过去那么陡峭，路面平缓，但道路扭七拐八，依然险峻。

下坡二十余米，有一拐弯，顺着弯道进山。这里是伏牛山的主要山脉，山高林密，生态保存完好。我分开横七竖八的树枝，扒开灌木丛，顺着一条断断续续的小路向山顶攀爬。

没走多远，路正中间一块石头上横躺着一条蛇。蛇是山中常见的乌梢蛇，背绿褐色（也有棕黑色和棕褐色的）。背部正中间有一条黄色的纵纹，通身布满黑黄色斑点。乌梢蛇虽是无毒蛇，但看上去也挺恐怖的。

它躺在那里，挡在我的面前，仰着头，两只绿豆眼骨骨碌碌地转着，看着我，就是不动，一副慵懒的样子。这种蛇在伏牛山很多，好像也不怎么怕人。有时候看见人出溜溜钻进林子和石缝里，有时候看见人就像没看见似的，很缓慢地爬过去。像今天这条蛇，如此不怕人，我还是第一次见。

它怔怔地看着我，至少有二十秒钟，看足看够了，才慢慢腾腾地向路边爬，很快就淹没在草丛里。虽说在山中经常看到蛇，但刚上山就看到一条蛇，而且是拦路蛇，总归是不太爽的，心里就有些疙疙瘩瘩。

山不高，很快就爬上了山顶。不能说山不高，我爬山时的位置其实就在山半腰，离山顶本来就没多远。山上是树林，站在山顶往下看，四周还是树林，山山岭岭，沟沟壑壑，都是树的绿色，目光所及的伏牛山，被绿色覆盖。

看不到鸟，只有鸟声，有几十种，甚至更多。有的在我身边鸣叫，有的在天空中鸣叫，有的在山谷里鸣叫，还有的在树林里鸣叫。四周一片鸟声，我已被鸟声淹没。

没看到鸟，心里总是有些不甘。前边有片洼地，有"叽铃——叽铃"的鸟声传来，这声音很熟悉，一时又想不起来。我向鸟声响起的地方走去，走近看，是一片废弃的荒地，长满荒草。草地里，十几只白脖子白腹、背部黑色的鸟在草地里觅食。这鸟叫白鹡鸰，很多年没看到了，能在这里看到，算是有缘。

鹡鸰鸟，分为白鹡鸰、黄鹡鸰、灰鹡鸰、黄头鹡鸰。在伏牛山区是比较常见的鸟，但分布区域不均匀，相隔几十里，有些地方常年不见，有的地方却经常见到。我老家那地方，早些年经常看到，后来不知为什么，很多年看不到它们的身影。

它们还在那里觅食，在不大的区域里蹦来蹦去。我没有惊动它们，我走的时候，它们还在草地上溜达。顺着来路下山，走到来时蛇拦路的地方，听见"扑棱棱"一声响，随后又"嘎嘎"两声叫，一只绿脖子野鸡飞了出来，吓得我身子一抖，打了个寒战。

今天奇了怪了，上山碰见蛇，心里膈膈应应。下山又碰见一只野鸡，吓得我出一身冷汗。

有惊无险，也许是好兆头吧！我只能这样想。

十 六

看见一群绿头鸟，头和脖子绿的，翅膀绿的，只有腹部灰白色。仔细看，眼睛上有一圈白绒毛。在我们老家，这鸟叫白眼圈，学名：绣眼。绣眼还分为暗绿绣眼、红肋绣眼。我看到的绣眼鸟，就是暗绿绣眼。

我站的山坡，是在乔端镇西北方一个叫九崖的村子。这里的山势比较平缓，相比野牛岭，山势相对低了很多，因为是石头山，树木不多，山上长的多是一些灌木。

这群绿绣眼大概有几十只，有的在树上，隐藏在枝叶间，有的在灌木丛、草丛间。绣眼，喜欢吃熟透的果子，但这是五月，山野里没有果子，它们可能是在寻找蚂蚱，或是寻找遗落在地上的草籽。

我在老家时，西坡有一片柿子树，每年柿子成熟时，成群的绣眼便蹲在柿子树上不停地啄食柿子的果肉，轰也轰不走。眼前的绣眼鸟，似乎并没有发现我的到来，无忧无虑地蹦跳着、鸣叫着。看着它们自由自在地觅食、玩耍，我突然心生羡慕，如果人如鸟，该是多么幸福。

往西南边，是与内乡交界处的宝天曼，山势越来越高，也没有宽阔的大路，我只能沿着来时的山路走回去。走到山谷里，上面有一个堰潭，沿着稻田埂往上走，还没走到堰潭，便看到几只秧鸡扑棱棱从稻田里飞出来，飞了不远，又落在稻田里。

秧鸡，既不像鸡，也不像鸟。你要说它不是鸡，又像鸡；不像鸟，又像鸟。全身灰褐色，有隐隐约约的暗斑。它们的叫声也不好听，“咯——咯咯咯咯咯”一连串单调的音符。有时嘶哑有时清脆，有时还带点颤音。

走上堰潭的潭坝，因为天旱，堰潭里已没多少水，但堰潭的面积不小，有几十亩地大，里面长满了水草。有十几只水鸟在水面上游泳，一会儿浮在水面上，一会儿又潜入水中，过一阵从另外的地方伸出头。

看着这些游泳的水鸟，就想起了老家的黑水鸡。但距离远，看不清，不知道是不是黑水鸡？不过，看那红红的嘴，以及游泳的习惯性动作，应该是。

我老家是丘陵，因为栽种水稻，在沟沟岔岔修建了很多堰潭。经常有黑水鸡在堰潭里游泳，遇人立刻游进苇丛和草丛，或潜入水中从远处再浮出水面。老家的黑水鸡与现在这群水鸟游泳的姿势，几乎一模一样。这样一比较，就觉得这水鸟就是黑水鸡。

其实，是什么鸟不重要，重要的是它们还生活在伏牛山，这已足够。

十 七

能看见红靛颏，是我没有想到的。但我真真切切地看到了红靛颏。

地点是乔端洞街仙人洞西十里处。伏牛山宝天曼余脉。

时间：2016年5月10日下午2点18分。之所以记这么准，是看了下手机。

因为一条小小的瀑布，因为瀑布边的一簇杜鹃花，我走进了这道小山谷。瀑布不大，并不能吸引我。吸引我的是那簇杜鹃花，这个时候杜鹃花大都凋谢，这簇杜鹃却开得浓烈、鲜艳。我想知道，这道小山谷里，是不是还有更多的杜鹃花正在开放。

我在一簇野杜鹃花的诱惑下，走进了小山谷。

这道小小的山谷，狭窄、阴暗、潮湿。一条细小的溪流，顺着山涧淙淙流淌。我有点惊奇，因为天旱，许多小的溪流已经断水，而这个更小的小溪流，依然有水在流动。

顺着小溪流向上走，没走多远，便看到山谷的石缝里有水渗出。原来，这水是从众多的石缝里渗出来，然后汇集成一条小小溪流。

在这条小峡谷里，我看到了长在潮湿的石缝里的杜鹃，正在开花。迟开的杜鹃，是因为生长在阴暗、潮湿的环境里，错过了花期。

找到了杜鹃花迟开的原因，我忍不住笑了起来。在伏牛山，杜鹃花迟开是很正常的，阳坡的开得早，阴坡的开得晚，而经年累月很少见到太阳的杜鹃，开花就更晚了。

事情弄明白后，就准备下山。巧就巧在正准备下山时，有几声鸟鸣传来。“唧呖——唧呖——唧唧呖呖……”一连串的鸣叫声，清脆婉转，吸引了我。

我抬起头，转过身看了一圈，没发现附近有鸟便继续走。刚走两步，鸟声又响了起来。顺着鸟声回过身，前边的一棵老栎树上蹲着两只鸟，树枝还在晃悠，看来，这鸟是刚刚落到树上的。在另一棵树上，也落着一只鸟，树下的一片草丛上，有三只鸟在蹦跳，也许更多，在树林里，或者在我看不见的地方。

六只鸟，橄榄色，白肚皮，就在这时，我突然发现，鸟的喉部有一片红色的羽毛，格外耀眼。红靛颏！我差点叫起来。

靛颏，分红、蓝靛颏。红靛颏，又名红颏、红靛颏、红喉歌鸲等，身体修长、俊俏、美观。体羽大部分为橄榄褐色，喉部赤红色，眼上有一白色眉纹。胸部灰色，两胁棕褐色，腹部白色。是高雅时尚的观赏鸟，也是著名的宫廷笼鸟，深受养鸟爱好者的喜爱。是中国“四大名禽”之一。

2015年春天，我在老家的院子里看到过一只红靛颏。再往前推，应该是在20世纪八九十年代见过靛颏，但也多是一两只。今天能看到六只靛颏，应该说是机缘巧合，是天大的缘分。

其实，在20世纪七八十年代，在我们家乡，靛颏并不是什么稀罕的鸟，每年总要看到很多次。后来开荒造地，大片林子被砍伐，靛颏就越来越少了。现在，伏牛山的植被已得到修复，看到靛颏，也在意料之中。

十八

一百种鸟在山中，一千种鸟的声音在山中。无处不在的鸟，无处不在的鸟声。

到处都是鸟声。山谷、森林、天空，鸟声此起彼伏。

“喳喳喳喳喳喳喳喳……”一种鸟的声音。

“嘀呖嘀呖嘀呖呖呖……”另一种鸟的声音。

“吱——吱——吱吱吱吱吱……”又一种鸟的声音。

“嘘儿——嘘儿——嘘儿……”有点陌生的鸟的声音。

“嘀溜——嘀溜——嘀溜溜……”有点熟悉的鸟的声音。

此时此刻，我站在南召与内乡交界处，被誉为“天然物种宝库”的宝天曼原始森林。

神奇的宝天曼，林海莽莽，古木参天，珍禽异兽，奇花异草，多姿多彩，令人心旷神怡。

在宝天曼，生活着五十多种国家重点保护的珍稀动物，二百一十三种鸟类，六十二种兽类，十四种两栖类，三十一种爬行类，六十七种鱼类，九百三十六种昆虫。说宝天曼是动物王国，是鸟的天堂，一点也不为过。

我看到了久违的红嘴蓝鹊，红嘴黑胸，蓝灰色的背，白色的腹，拖着长长的尾巴。

我看到了雉鸡，绿色的脖颈，栗红色的背，紫红色的腹，细长的尾巴，十分华丽。

我看到了蓝翡翠，黑头白脖，蓝色的背，黄棕色的腹，一种不多见的翠鸟。

我看到了戴胜鸟，头顶凤冠，嘴形细长，黑白相间的背，一边鸣叫一边点头。

我还看到了猎隼、黄腹山雀、黄鹡鸰、黄眉柳莺、凤头百灵，看到了云雀……

数不清的鸟，白的、红的、蓝的、黄的、绿色、灰的、黑的，各色羽毛让我眼花缭乱；长相美的、丑的、奇的、怪的、凶的、善的，面目不一，性格各异；叫声动听的、婉转的、单调的、粗犷的、轻柔的……数百种声音，撞击着我的耳膜。此刻的世界，只有鸟，只有鸟声。

一百种鸟，一千种鸟声啊！

后　记

鸟是大地最美的精灵

很多年，我一直在关注着动物，关注着鸟类。这些陪伴着我度过童年少年的精灵，它们在我心中，占着极其重要的位置。

从1998年开始，我着手写一些关于鸟的文字。2006年开始搜集整理一些鸟的资料。真正动手写动物、写鸟，是从2009年开始，陆陆续续写了近六十万字动物散文。其中写鸟，达二十五万字之多。

《观鸟笔记》收录了我去年写的二十只鸟，还有一篇关于我对家乡伏牛山鸟类生存状况的考察文字。共二十一篇散文，十三万字。

二十只鸟，只是我家乡较为常见的鸟类中的一部分，它们与我的童年和少年有着密不可分的关联。也就是说，我是在它们的鸣叫声中慢慢长大的。是这些可爱的精灵，让我寂寞的乡村生活，多了一份愉悦。

其实，我写鸟，也是写我在那个时代的生存状态。人与鸟，在很多时候，有着某种相通的地方。人与动物生活在同一个地球——我们共同的家园，我们没有理由不与动物和谐相处。我们不能站在“人类中心主义”的立场上，凌驾于所有动物之上，傲慢、偏见地认为人是地球的主宰。其实，在大自然面前，人与动物一样，都是大地的子民、大地的儿女。唯一的区别在于，人不过是地球上能用语言表达思想的高级动物而已。

在写这本书时，我的心中充满激情，常常夜不能寐，躺在床上，满脑子都是鸟的影子。整个2016年的夏天，我一直处在亢奋中，酷暑的夏天，书房里没有空调，我趴在电脑前，在汗水飞溅中，敲击着键盘。

童年时抓鸟养鸟的情景，少年时爱鸟护鸟的“壮举”，青年时与恋人漫步山野看鸟听鸟的浪漫，中年时对鸟类生存状态关注的经历，都从我那不太聪明的脑袋瓜子里蹦出来，形成一个个片段，在敲击键盘的声音中，跳出一行行文字，成为现在的《观鸟笔记》。

如果读者朋友细心看的话，《观鸟笔记》中的二十只鸟，全部是雀形目鸟。我个人认为，雀形目鸟，是鸟类中的精灵，它们不仅鸣叫声悠扬婉转，清脆悦耳，而且娇小玲珑，色彩艳丽，它们中的许多鸟，都是著名的观赏鸟，深受人们的喜爱。

在我们家乡，有这样一句俗语：“会叫的虫儿（鸟）没四两。”这句话含有贬义，是告诉人们，不要整天叽叽喳喳乱说无聊的闲话，被人看轻；还有一层意思，就是能叫出美妙声音的鸟，大都是娇美秀气、俊俏伶俐的雀鸟，体重不会超过四两。在雀形目鸟类中，体量最大的鸟，大概是喜鹊了吧，但喜鹊的体重，也就四两半斤吧。

鹰大，鹭鸟大，斑鸠大，野鸭个头也很大，但它们却叫不出美妙动听的声音。能发出最美的鸣叫声，只有雀形目鸟。关注它们，不仅是因为美的鸣叫声，更多的是对它们的担忧。很多时候，我们听到它们的声音，不是在山野，而是在城市楼房里的笼子里，在花鸟市场里。因此，我写这些鸟，是想告诉大家，爱鸟，就给它们自由，圈在笼子里的鸟，是无法叫出大自然声音的。

在我的家乡，在伏牛山，很多鸟已难得一见，有的甚至绝迹。我在伏牛山考察鸟的生存状况时发现，像蓝靛颏、黄鹡鸰、大苇莺、黄颊山雀、翠鸟等，几乎看不到它们的身影。这些曾经常见的鸟，如今踪影难觅。走在山野里，总有一丝遗憾伴随着我，让我无端生出一丝莫名的忧愁。

我曾在我的老家看到捕鸟的人，他们三三两两，骑着摩托车，带着粘网，在山野和林子里，张网捕鸟。不管什么鸟，只要撞到粘网上，无一脱逃。他们把捕到的斑鸠卖到饭店，把雀鸟卖到花鸟市场，换来一沓沓钞票。

我在单位，也经常看到粘鸟的网。我曾和我的同事多次剪开粘网，解救粘在网上的鸟。几年间，先后剪断、销毁粘鸟网二十多张，解救过两只受伤的猫头鹰、十多只戴胜鸟、近十只黄鹂鸟、二十多只八哥，还有灰喜鹊、寒鸦、黑鸫、白头翁、麻雀等二十几种鸟。最多的一次，我在一张粘网上解救出十多只麻雀、三只斑鸠、两只灰喜鹊和一只戴胜鸟。遗憾的是，三只麻雀和一只斑鸠死亡。

其实，人类捕鸟的危害，尚在其次。而真正造成鸟类数量减少的，更多在于森林湿地等栖息地的被破坏，可供鸟类正常繁殖的地方越来越少。农药水源的污染，吃了被农药杀死的虫子或种子，饮用被污染的水中毒，造成鸟们的死亡。人为的改变自然环境，地域生态平衡遭到破坏，使鸟类数量锐减，甚至灭绝。因建筑物过高过密，光污染等原因，扰乱了鸟类的迁徙，成群的鸟撞到建筑物上死亡，即所谓的鸟类集体自杀，等等。

生存环境的巨变，使部分鸟类生存、繁殖能力无法适应，造成鸟类死亡率大于繁殖率，种群数量大为减少。因此，拯救鸟类，摆脱鸟类走向灭绝的边缘，势在必行。当然，这不仅需要个体的力量，更需要整个社会的力量。我知道，一个人的力量是有限的，我们没有足够的能力阻止那些已经发生和正在发生事情，但至少我们可以从自身做起，保护鸟类，关爱鸟类，为这些可爱的精灵呼喊！

在此，感谢长期以来，关注动物文学创作的编辑老师们，我想对他们真诚地说声谢谢！感谢《山花》杂志的谢挺老师，《山东文学》杂志的夏海涛老师，《延安文学》魏建国老师，《躬耕》杂志的宋云奇老师，还有许许多多编辑老师，是他们让这些文字走进读者的视野，先后被五十多家文摘刊物转载，赢得了读者的厚爱。

感谢作家韩华仁先生拨冗为本书作序，感谢画家胡春风女士在繁忙的工作之余为本书插图。

祖克慰

2017年6月于南阳

蝉噪林逾静，鸟鸣山更幽。

——王籍